Bolos de festa de criança

Bolos de festa de criança

Ideias divertidas para comemorar o aniversário de seu filho

Annie Rigg

fotos Sandra Lane

PUBLIFOLHA

Um livro da Ryland Peters & Small
Título original: *Birthday Cakes for Kids*

Publicado pela primeira vez no Reino Unido em 2009 pela Ryland Peters & Small

COORDENAÇÃO DO PROJETO: PUBLIFOLHA
Editora-assistente: Paula Marconi de Lima
Coordenação de Produção Gráfica: Mariana Metidieri

PRODUÇÃO EDITORIAL:
EDIÇÕES JOGO DE AMARELINHA
Tradução: Juliana Lemos
Consultoria: Diego Belda

EDIÇÃO ORIGINAL: Ryland Peters & Small
Fotografia: Sandra Lane
Designer sênior: Megan Smith
Editor sênior: Céline Hughes
Gerente de produção: Patricia Harrington
Diretora de arte: Leslie Harrington
Diretora de publicações: Alison Starling
Stylist de acessórios: Liz Belton
Indexadora: Hilary Bird
Diagramas: Ray Betts

Para meus afilhados:
Alec, Izzie, Albie e Tom Tom

Pessoas com restrições alimentares devem ficar atentas aos ingredientes indicados nas receitas.

O forno deve ser preaquecido na temperatura indicada.

As fotos deste livro podem conter acompanhamentos ou ingredientes meramente ilustrativos.

Dados Internacionais de Catalogação na Publicação (CIP)
(Câmara Brasileira do Livro, SP, Brasil)

Rigg, Annie
Bolos de festa de criança / Annie Rigg ; fotos Sandra Lane ; [tradução Juliana Lemos]. -- São Paulo : Publifolha, 2012.

Título original: Birthday cakes for kids.
ISBN 978-85-7914-349-6

1. Bolos (Culinária) 2. Receitas I. Lane, Sandra. II. Título.

11-11478 CDD-641.8653

Este livro segue as regras do Acordo Ortográfico da Língua Portuguesa (1990), em vigor desde 1º de janeiro de 2009.

PUBLIFOLHA
Divisão de Publicações do Grupo Folha
Al. Barão de Limeira, 401, 6º andar
CEP 01202-900, São Paulo, SP
Tel.: (11) 3224-2186/ 2187/ 2197
www.publifolha.com.br

Impresso na Toppan, China.

Sumário

a estrela do show

Um dos elementos mais importantes na festa de aniversário de uma criança é o bolo. A maioria das pessoas lembra qual era seu bolo de aniversário favorito na infância e a emoção de escolher um bolo para cada ano. Quer você faça o mesmo bolo todas as vezes, quer opte por uma receita completamente diferente, um bolo feito em casa é imbatível, tanto pela alegria que proporciona às crianças como pela satisfação de saber que ele é obra sua.

Tenho sorte de ter uma pequena tribo de afilhados que serviram de ávidas cobaias: foram eles a grande fonte de inspiração para as receitas deste livro. Desde pequena, gosto de assar coisas no forno. Espero que eles também descubram o quanto a cozinha pode ser divertida: colocar coisas na massa, fazer camadas, confeitar e decorar. O resultado final é muito gratificante. E, quem sabe, talvez eles até soltem a imaginação e comecem a inventar suas próprias criações.

Qualquer que seja o seu nível de intimidade com o forno, este livro traz receitas de bolo para todos. Há também algumas orientações básicas nas pp. 10 e 16-9 para obter os melhores resultados.

A maioria dos bolos deste livro pode ser feita antecipadamente e mantida refrigerada por até dois dias (sem cobertura), bem embalada em filme plástico, ou congelada sem cobertura e descongelada no dia anterior à festa. Os cupcakes se conservam bem no freezer e descongelam rápido, o que faz deles uma opção fácil e bastante cômoda. Na verdade, os cupcakes são um excelente ponto de partida caso você ainda não confie muito nas suas habilidades com o forno.

Se você prefere não arriscar ao montar um bolo, escolha um cujo formato pode ser obtido com um molde em vez de um bolo que você precise medir e dispor em camadas.
A maioria das receitas deste livro é fácil para quem está começando – apenas lembre de reservar um tempo para a cobertura e as decorações finais. Lembre-se: qualquer imperfeição pode ser facilmente disfarçada sob uma camada de cobertura, doces ou confeitos.

Seja qual for o escolhido para a festa de aniversário de seu filho ou filha, pode ter certeza de que haverá sorrisos maravilhados quando as crianças virem o seu bolo caseiro. E caso no começo você se sinta desconfortável com a montagem, as camadas e a decoração, há sempre o velho favorito – o bolo de chocolate. Não se esqueça das velinhas!

o básico

pão de ló básico de baunilha

Esta é a massa mais básica de pão de ló de baunilha, que pode ser adaptada para diferentes sabores (veja no fim da receita). É usada em várias receitas deste livro, já que funciona como uma boa base para bolos que precisam ser cortados e montados, e seu sabor é apreciado pela maioria das crianças. São apresentadas quatro medidas diferentes que podem se ajustar a receitas distintas, mas o método é o mesmo, independente da quantidade utilizada. Para melhores resultados, use um mixer com fouet acoplado. Antes de começar, verifique se todos os ingredientes estão em temperatura ambiente, se o forno está preaquecido com a prateleira na posição correta e se as fôrmas de bolo necessárias estão prontas. As temperaturas recomendadas são para os fornos convencionais; caso você esteja usando um forno com ventilador interno, ajuste a temperatura de acordo com as instruções do fabricante.

EXTRAGRANDE
- 350 g de manteiga sem sal em temperatura ambiente
- 350 g de açúcar
- 6 ovos grandes batidos
- 2 colheres (chá) de essência de baunilha
- 350 g de farinha de trigo
- 5 colheres (chá) de fermento em pó
- 4-5 colheres (chá) de leite em temperatura ambiente

GRANDE
- 250 g de manteiga sem sal em temperatura ambiente
- 250 g de açúcar
- 4 ovos grandes batidos
- 1 colher (chá) de essência de baunilha
- 250 g de farinha de trigo
- 4 colheres (chá) de fermento em pó
- 3-4 colheres (chá) de leite em temperatura ambiente

MÉDIO
- 175 g de manteiga sem sal em temperatura ambiente
- 175 g de açúcar
- 3 ovos grandes batidos
- 1 colher (chá) de essência de baunilha
- 175 g de farinha de trigo
- 3 colheres (chá) de fermento em pó
- 3 colheres (chá) de leite em temperatura ambiente

PEQUENO
- 125 g de manteiga sem sal em temperatura ambiente
- 125 g de açúcar
- 2 ovos grandes batidos
- ½ colher (chá) de essência de baunilha
- 125 g de farinha de trigo
- 2 colheres (chá) de fermento em pó
- 2 colheres (chá) de leite em temperatura ambiente

Preaqueça o forno a 180°C.

Misture a manteiga e o açúcar com uma batedeira ou um mixer com fouet acoplado até obter um creme pálido, leve e fofo (cerca de 2-3 minutos). Acrescente aos poucos os ovos batidos, batendo bem entre cada adição e raspando de vez em quando o fundo da tigela com uma espátula de borracha. Adicione a essência de baunilha e bata mais um pouco.

Peneire a farinha e o fermento juntos e acrescente à mistura, em duas levas, batendo até que ela fique lisa. Adicione o leite e bata até a massa ficar totalmente lisa.

Passe para a receita de bolo escolhida e continue de acordo com as instruções.

OUTRAS OPÇÕES DE SABOR

Chocolate básico: substitua 4 colheres (sopa) de farinha pela mesma quantidade de cacau em pó na mistura extragrande; 3 colheres (sopa) na grande; 2 na média e 1 na pequena.

Limão ou laranja: substitua a essência de baunilha por raspas de laranja ou limão.

Sem glacê, estes biscoitos conservam-se durante 3 dias em recipiente hermeticamente fechado. Se confeitados, devem ser consumidos em 24 horas.

biscoitos de gengibre

175 g de farinha de trigo
¼ de colher (chá) de bicarbonato de sódio
1 pitada de sal
1 colher (chá) de gengibre em pó
1 colher (chá) de canela em pó
1 pitada generosa de pimenta-da-jamaica em pó
75 g de manteiga sem sal gelada e em cubos
75 g de açúcar
2 colheres (sopa) de glicose de milho
1 gema de ovo grande

várias fôrmas para assar biscoitos, forradas com papel-manteiga

RENDE 10–12 BISCOITOS

Peneire a farinha, o bicarbonato de sódio, o sal, o gengibre, a canela e a pimenta numa vasilha ou no recipiente da própria batedeira.

Misture a manteiga aos ingredientes secos com as mãos (ou passe pelo processador) até obter um resultado semelhante a farelos. Acrescente o açúcar e misture.

Bata a gema de ovo com a glicose de milho, adicione à mistura e mexa até obter uma massa lisa, sovando levemente.

Molde em formato de disco, cubra com filme plástico e reserve por 30 minutos na geladeira antes de usar.

Preaqueça o forno a 180°C.

Num balcão levemente enfarinhado, use um rolo para afinar a massa até aproximadamente 4 mm. Use moldes de biscoito para cortar nos formatos desejados e arrume-os nas fôrmas. Junte os restos e sove novamente para fazer mais biscoitos.

Asse na prateleira do meio em forno preaquecido durante 10-12 minutos até ficarem firmes e começarem a dourar nas beiradas. Deixe esfriar um pouco nas próprias fôrmas e depois transfira para uma grelha para esfriar.

Esses biscoitos conservam-se durante 3 dias em recipiente hermeticamente fechado. Se confeitados, devem ser consumidos em 24 horas.

biscoitos amanteigados

225 g de manteiga sem sal em temperatura ambiente
275 g de açúcar
1 ovo grande batido
½ colher (chá) de essência de baunilha
1 pitada de sal
325 g de farinha de trigo

várias fôrmas para assar biscoitos, forradas com papel-manteiga

RENDE 10–12 BISCOITOS

Bata a manteiga e o açúcar numa batedeira ou num mixer com fouet acoplado até obter um creme pálido, leve e fofo (cerca de 2-3 minutos). Acrescente o ovo batido, a essência de baunilha e a pitada de sal e misture bem.

Acrescente aos poucos a farinha e bata até ficar homogêneo. Molde em formato de disco, cubra com filme plástico e deixe na geladeira durante algumas horas antes de usar.

Num balcão levemente enfarinhado, use um rolo para afinar a massa até aproximadamente 4 mm. Use moldes para cortar nos formatos desejados e arrume os biscoitos nas fôrmas. Junte os restos e sove novamente para fazer mais biscoitos. Deixe mais 15 minutos na geladeira.

Preaqueça o forno a 180°C.

Asse em forno preaquecido, na prateleira do meio, durante 10-12 minutos até ficarem levemente dourados e firmes. Deixe esfriar um pouco nas próprias fôrmas e depois transfira para uma grelha para esfriar.

O buttercream (creme de manteiga) é uma maravilha para cobrir e decorar bolos de qualquer formato, e a cobertura de chocolate é tão gostosa que dá vontade de comer direto da vasilha. Se você utilizar merengue como cobertura, deixe o bolo durante uma hora na geladeira antes de decorar. Isso faz a superfície ficar mais firme, e assim os farelos aparecem menos no acabamento branquinho. Assim que a cobertura ficar pronta, cubra logo o bolo, usando uma espátula de metal mergulhada em água quente para facilitar. A cobertura de glacê é ideal para decorar biscoitinhos amanteigados ou de gengibre. Uma opção é usar uma clara de ovo para que ela fique firme, mas você pode usar água fria (embora a cobertura não fique tão durinha).

buttercream

350 g de manteiga sem sal em temperatura ambiente
700 g de açúcar de confeiteiro peneirado
essência de baunilha, opcional

Bata a manteiga com uma batedeira ou um mixer com fouet acoplado numa vasilha grande até obter um creme bem mole.
Vá acrescentando aos poucos o açúcar de confeiteiro, até a mistura ficar lisa e pálida. Se preferir, acrescente algumas gotas de essência de baunilha.

cobertura de chocolate

350 g de chocolate amargo grosseiramente picado
225 g de manteiga sem sal
225 ml de leite
1 colher (chá) de essência de baunilha
450 g de açúcar de confeiteiro peneirado

Derreta o chocolate e a manteiga numa tigela refratária sobre uma panela de água fervente, em fogo baixo (não deixe a base da tigela tocar a água). Misture até derreter e ficar homogêneo. Deixe esfriar um pouco.

Em outra tigela, misture o leite, a essência de baunilha e o açúcar de confeiteiro até ficar homogêneo. Acrescente a mistura de chocolate e mexa até incorporar. Deixe a cobertura descansar para engrossar um pouco antes de usar.

merengue

250 g de açúcar
4 claras (de ovos grandes)
1 pitada de sal

Coloque uma tigela refratária média sobre uma panela de água fervente, em fogo baixo (não deixe a base da tigela tocar a água). Despeje na tigela o açúcar, as claras, o sal e duas colheres (sopa) de água. Usando um mixer com fouet acoplado, misture na velocidade média para que o açúcar se dissolva completamente nas claras. Continue a bater até a mistura ficar branca, leve e fofa. Coloque em velocidade alta e bata por mais um minuto até o merengue ficar quente, brilhante e formando picos.

Retire do fogo e bata por mais um minuto, até esfriar um pouco. Com o auxílio de uma espátula de metal mergulhada em água quente, trabalhe rápido para espalhar a cobertura sobre o bolo.

glacê

1 clara (de ovo grande)
1 colher (sopa) de suco de limão espremido na hora
250-300 g de açúcar de confeiteiro peneirado

Bata a clara com o suco de limão numa tigela média até incorporar. Acrescente o açúcar aos poucos até a cobertura ficar lisa e com consistência de creme de leite levemente grosso (teste para ver se cobre o dorso de uma colher). Deixe coberta com filme plástico até a hora de usar.

decoração

PASTA AMERICANA E GLACÊ REAL

A pasta americana e o glacê real são ideais para modelar e cortar em formatos decorativos. É possível encontrá-los na versão pronta – basta seguir as instruções do fabricante. Você pode encontrá-los na cor branca em supermercados, mas, caso queira cores diversas, vá a uma loja especializada.

FONDANT

A cobertura de fondant é vendida em blocos e deve ser aberta numa superfície de trabalho levemente polvilhada com açúcar de confeiteiro. Utilize corantes comestíveis para obter a cor desejada. Assim que o bolo estiver decorado, cubra-o e deixe descansar pelo menos por 4 horas para que a cobertura solidifique.

COBERTURA PRONTA EM ROLO

A cobertura pronta de fondant e o glacê real em rolo podem ser encontrados nas seções de confeitaria dos supermercados. Geralmente vêm em formato circular, já prontas para cobrir o bolo. Sugestão: antes de usar, cubra o bolo com uma fina camada de creme de manteiga ou marzipã.

COBERTURA PARA ESCREVER

Tubos com pasta pronta para escrever podem ser encontrados nas seções de confeitaria dos supermercados. Existem várias cores, mas são fabricados principalmente em vermelho, verde, preto e amarelo. São ideais quando se necessita de quantidades pequenas de pasta para fazer letras, números e palavras. Servem também para desenhar contornos. São pequenos e fáceis de usar pelas crianças, sem fazer muita bagunça! Procure também pastas em gel e na versão cintilante.

SACOS DE CONFEITAR

Mesmo que suas habilidades não sejam de nível profissional, um saco de confeiteiro com bicos diversos é muito útil na criação de decorações simples, mas de grande impacto. Ponha o buttercream no saco de confeiteiro e use um bico em formato de estrela para criar rosetas ou flores: um jeito fácil de decorar bolos.

CORANTE COMESTÍVEL

Pastas de corante comestível são mais fáceis de usar que as cores líquidas e são fabricadas em diversas cores. Podem ser usadas para tingir coberturas prontas, fondant e buttercream. Costumam ser vendidas em lojas de artigos de confeitaria e também pela internet. Uma quantidade bem pequena já é suficiente para dar cor sem tirar o gosto da cobertura. Acrescente o corante aos poucos, utilizando a ponta de um palito ou um espetinho de madeira, e misture bem ou sove a cobertura antes de acrescentar mais, até atingir a cor desejada.

CONFEITOS E DOCES

Muitos supermercados têm diversos tipos de confeitos para decoração na seção de confeitaria, desde granulados coloridos até bolinhas prateadas comestíveis e formatos específicos para o Dia das Bruxas e o Natal. As lojas especializadas em artigos de confeitaria em geral vendem vários tipos de confeitos, em diversos formatos e cores. As lojas de doces também são uma excelente fonte: confeitos de alcaçuz, pastilhas de chocolate e confeitos de chocolate coloridos podem ser usados em lindas decorações.

técnicas básicas

1 COMO CORTAR

Use sempre uma faca de lâmina comprida e serrilhada para cortar os bolos em camadas antes de rechear. Coloque o bolo numa superfície de trabalho limpa e plana. Segure a faca na horizontal e faça um movimento suave, como se estivesse serrando, para obter um corte reto. Cuidado com os dedos!

2 COMO RECHEAR

Você pode usar uma grande variedade de recheios para os bolos, tais como geleia, buttercream ou chantilly. Se necessário, retire uma fina fatia da parte superior do bolo para nivelar a superfície. Disponha a camada de baixo sobre a superfície de trabalho ou sobre o prato de servir e vá colocando o recheio no bolo com uma colher. Espalhe de maneira uniforme usando uma espátula comprida. Coloque a outra camada de bolo e repita o processo de acordo com a necessidade.

3 COMO CORTAR A BASE DO BOLO PARA O NAVIO PIRATA (p. 74)

Coloque o bolo sobre a superfície de trabalho com o lado mais comprido voltado para você. Retire o excesso das bordas para deixar o retângulo certinho e guarde os pedaços (servem para beliscar mais tarde). Usando uma faca comprida, corte um retângulo com cerca de 9 cm x 23 cm em uma das extremidades do bolo. Corte o pedaço restante ao meio para obter dois retângulos de mais ou menos 11 cm x 23 cm.

4 COMO MONTAR O BOLO PARA O NAVIO PIRATA

Coloque os dois retângulos maiores um sobre o outro. Corte o retângulo menor ao meio e coloque um pedaço sobre cada uma das extremidades dos bolos empilhados.

5

6

7

8

5 COMO DAR O FORMATO DO BOLO PARA O NAVIO PIRATA

Para fazer a proa do navio, corte uma fatia triangular da parte da frente do bolo, de ambos os lados. Assim que o bolo estiver cortado e montado, você pode deixar as camadas firmes com espetinhos de madeira ou espalhar um pouco de geleia aquecida entre elas. Agora o navio pirata está pronto para ser decorado. Não esqueça de tirar os espetos antes de servir.

6 MOLDES DE PAPEL

Trace o formato desejado numa folha de papel (papel-manteiga ou papel vegetal, por exemplo) do tamanho do bolo ainda não cortado. Coloque o molde sobre o bolo e, com o auxílio de uma faca pequena e afiada, corte de acordo com o molde. Fica mais fácil se o bolo tiver sido feito no dia anterior e, se possível, for deixado na geladeira por algumas horas.

7 ESPALHANDO A COBERTURA

Para decorar um bolo cortado com um molde, primeiro deixe-o na geladeira por uma ou duas horas. Outra opção é passar geleia aquecida e peneirada sobre o bolo com um pincel. Isso evita que migalhas se misturem à cobertura quando você espalhá-la nas partes cortadas. É bom ter várias espátulas de tamanhos diferentes. Espátulas pequenas, compradas em lojas de artigos de pintura, são uma boa opção para cobrir bolos que têm formatos mais complicados.

8 DECORANDO COM O SACO DE CONFEITEIRO

Quando o bolo já estiver com a cobertura, começa a diversão! Com a mão firme, use o saco de confeiteiro para desenhar contornos sobre a cobertura e definir as formas desejadas, que depois podem ser preenchidas com outra cor. É bom ter uma ideia clara de onde exatamente você quer colocar as linhas antes de começar. Uma dica é primeiro demarcá-las usando a ponta de um palito de madeira.

diagramas

GATO

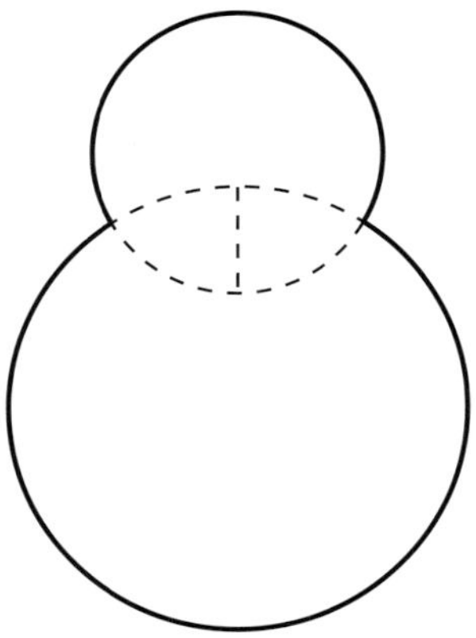

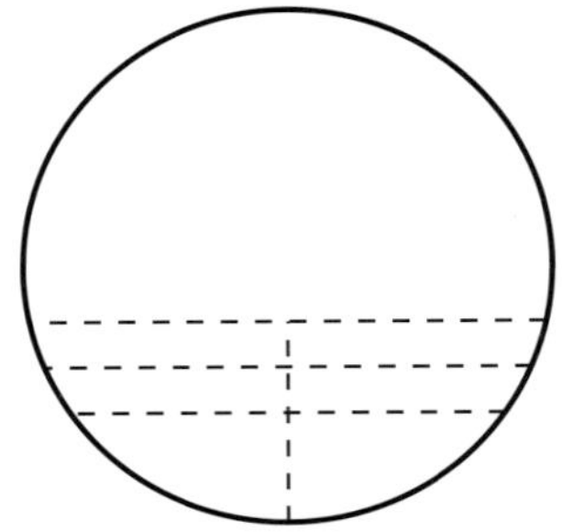

DINOSSAURO

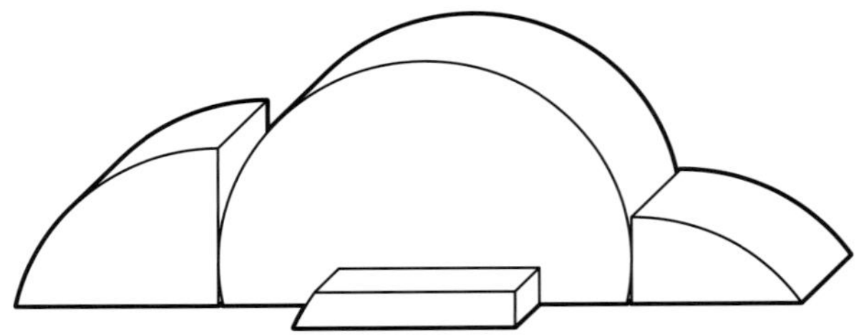

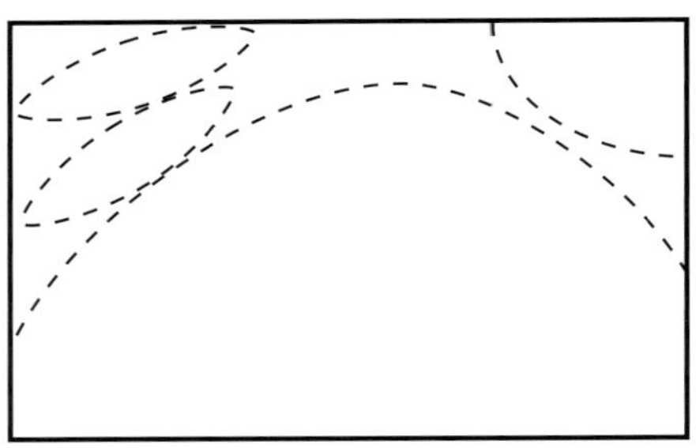

COELHINHO

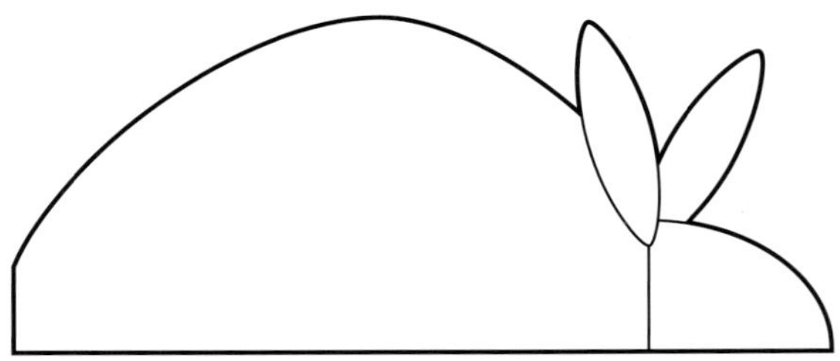

CARRO DE BOMBEIRO

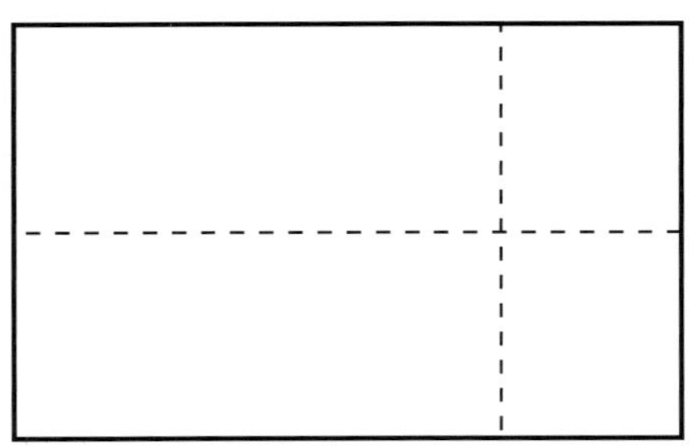

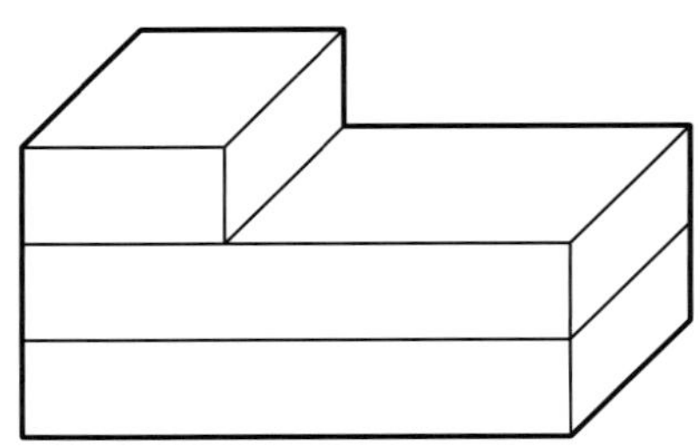

FOGUETE ESPACIAL

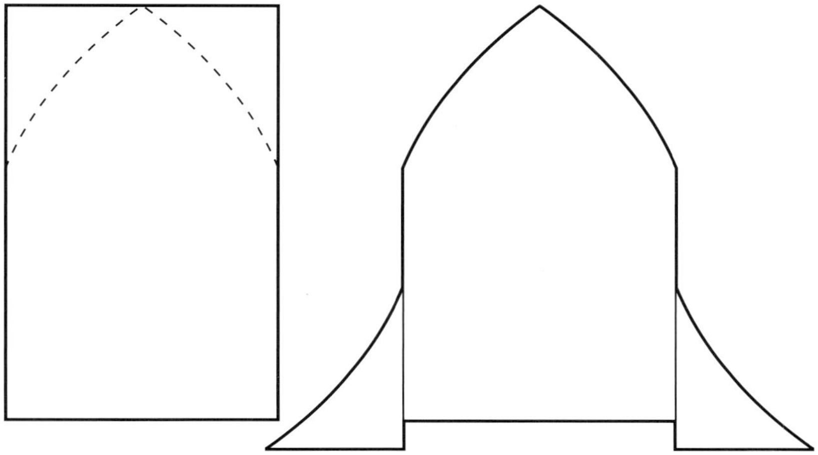

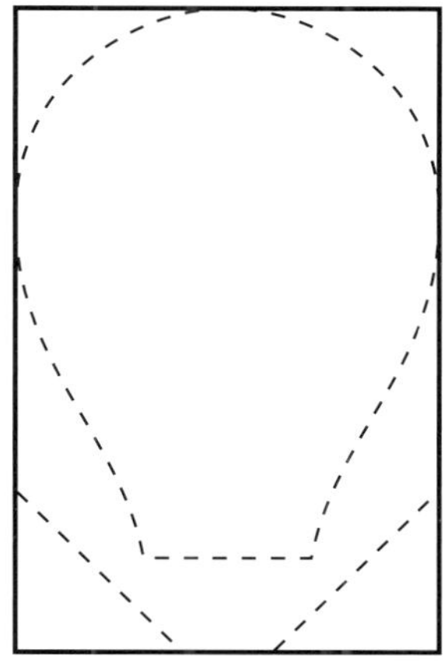

BALÃO DE AR QUENTE

TRATOR

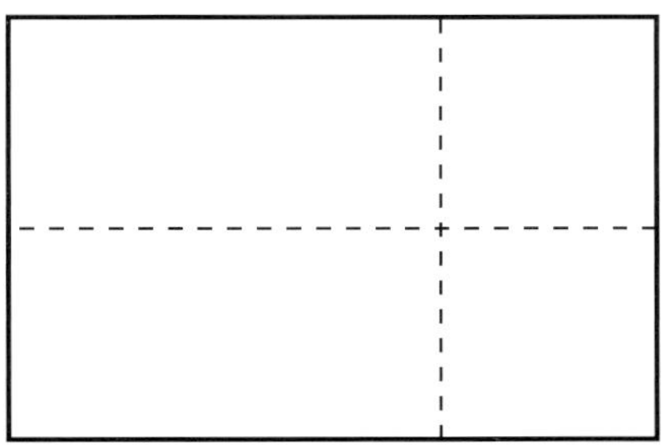

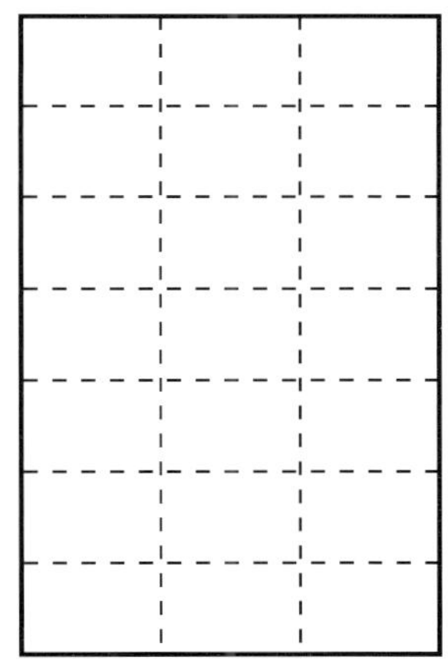

CASTELO DE CONTO DE FADAS

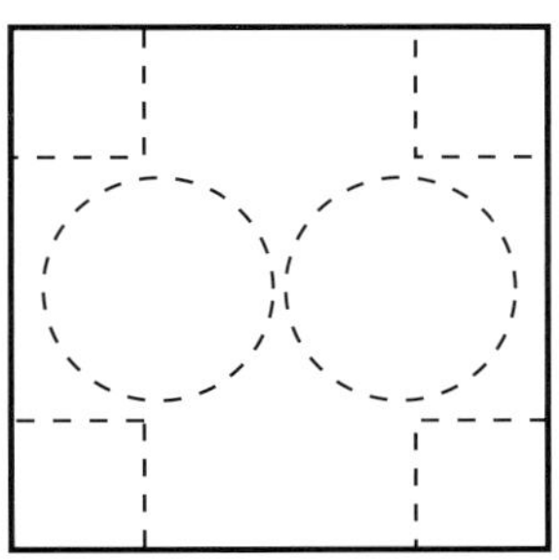

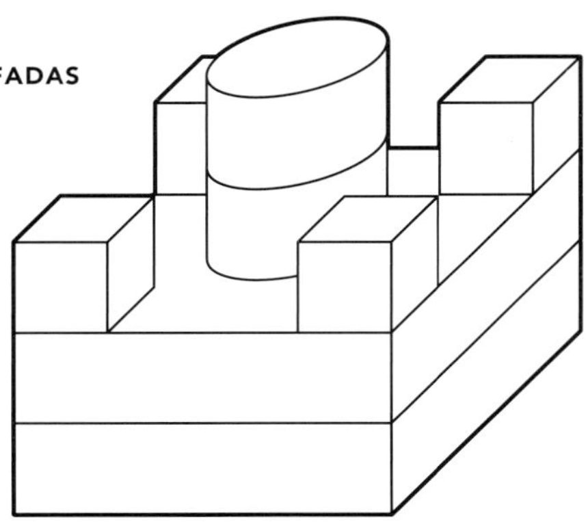

LOCOMOTIVA

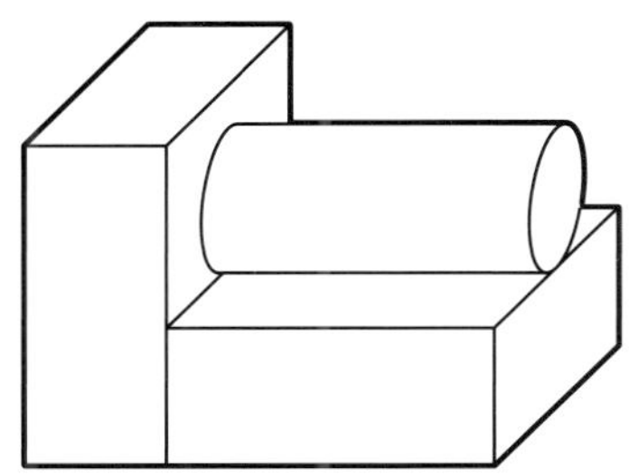

bolos simples

Este bolo é fácil de conservar e pode ser feito um dia antes, se guardado (sem a cobertura) envolto em filme plástico ou em recipiente hermeticamente fechado até a hora de servir.

bolo de coco e cenoura

75 g de nozes-pecã sem casca
375 g de farinha de trigo
2 colheres (chá) de fermento em pó
1 colher (chá) de bicarbonato de sódio
½ colher (chá) de canela em pó
3 ovos grandes
375 ml de óleo de girassol ou de canola
450 g de açúcar dourado ou açúcar cristal
4 colheres (sopa) de leite
1 colher (chá) de essência de baunilha
500 g de cenoura ralada
raspas de 1 laranja
125 g de coco ralado
100 g de marzipã
corante comestível laranja
folhas de angélica

COBERTURA
450 g de cream cheese
2-3 colheres (sopa) cheias de mel puro

2 fôrmas com fundo removível de 20 cm, untadas e forradas com papel-manteiga untado

RENDE 8–10 PORÇÕES

Preaqueça o forno a 180°C.

Coloque as nozes-pecã para torrar em forno preaquecido durante 7 minutos. Deixe esfriar um pouco e pique grosseiramente. Mantenha o forno ligado.

Numa tigela, peneire a farinha, o fermento, o bicarbonato de sódio e a canela. Reserve.

Em outra tigela, misture os ovos, o óleo de girassol, o açúcar, o leite e a essência de baunilha até ficar homogêneo. Acrescente as cenouras, as raspas de laranja, o coco ralado e as nozes-pecã e misture bem. Depois, junte os ingredientes secos e misture delicadamente, usando uma colher grande ou espátula de borracha, até ficar bem homogêneo.

Divida a mistura nas fôrmas de bolo já preparadas e asse em forno preaquecido, na prateleira do meio, por cerca de 40 minutos, ou teste com um palito de madeira e veja se ele sai limpo. Deixe os bolos esfriarem nas fôrmas por 10 minutos antes de virá-los sobre grelhas, para que esfriem mais rápido. Depois, vire os bolos para o lado correto e deixe esfriar completamente.

Para fazer a cobertura, bata o cream cheese e o mel até obter uma mistura homogênea. Coloque um dos bolos de cenoura sobre um prato grande e espalhe metade da cobertura sobre ele. Cubra com o segundo bolo e espalhe o restante da cobertura.

Para fazer as cenouras, tinja o marzipã de laranja com o corante comestível (p. 17). Parta um pedaço de marzipã (entre ½ e 1 colher [chá]) e enrole entre as mãos, dando o formato de uma cenoura. Repita com o restante do marzipã. Usando a ponta chata de um palito de madeira, faça um pequeno buraco na parte de cima de cada cenourinha. Deixe-as secando de um dia para o outro sobre uma folha de papel-manteiga, dentro de um recipiente bem fechado.

Corte a angélica em galhos finos de cerca de 2 cm de comprimento e enfie na parte de cima de cada cenoura. Decore o bolo com as cenouras e, se quiser, com um coelhinho de chocolate.

A popular torta "banofee" (uma mistura de banana e toffee, ou banana e caramelo), mas em forma de bolo recheado! Se possível, dê preferência ao doce de leite argentino, que tem um sabor mais caramelizado que o brasileiro, atualmente disponível na maioria dos supermercados e lojas.

bolo de banana e caramelo

325 g de farinha de trigo
1½ colher (chá) de fermento
1 colher (chá) de bicarbonato de sódio
3 bananas maduras
4 colheres (sopa) de creme de leite fresco, iogurte integral ou creme azedo em temperatura ambiente
1 colher (chá) de essência de baunilha
175 g de manteiga sem sal em temperatura ambiente
125 g de açúcar mascavo claro
100 g de açúcar
4 ovos grandes batidos

COBERTURA
400 g de mascarpone
400 g de doce de leite
100 g de raspas de chocolate meio amargo

2 fôrmas redondas de fundo removível de 20 cm, untadas e forradas com papel--manteiga untado

RENDE 10 PORÇÕES

Preaqueça o forno a 180°C.

Peneire a farinha, o fermento e o bicarbonato de sódio numa vasilha e reserve.

Amasse as bananas em outra tigela e acrescente o creme de leite e a essência de baunilha.

Bata a manteiga e o açúcar em batedeira ou mixer com fouet acoplado até obter um creme claro, leve e fofo. Acrescente aos poucos os ovos, misturando bem entre cada adição e raspando o fundo da tigela com uma espátula de borracha de vez em quando.

Acrescente os ingredientes secos em 2 ou 3 levas com a batedeira na velocidade mais baixa, misturando bem, até incorporar por completo. Junte a mistura de banana e mexa com o auxílio de uma espátula de borracha.

Divida a mistura nas fôrmas de bolo já preparadas e asse em forno preaquecido, na prateleira do meio, por cerca de 35 minutos, ou teste com um palito de madeira e veja se ele sai limpo. Deixe os bolos esfriarem nas fôrmas por 10 minutos antes de virá-los sobre grelhas, para ajudar a esfriar. Depois, vire os bolos para o lado correto e deixe esfriar completamente.

Quando for montá-los, pegue uma faca grande e serrilhada e divida horizontalmente cada bolo ao meio, de modo a obter 4 camadas da mesma espessura.

Coloque uma camada do bolo sobre o prato de servir e espalhe sobre ela ¼ do mascarpone. Cuidadosamente, espalhe ou pingue ¼ do doce de leite sobre o mascarpone e, depois, ¼ das raspas de chocolate. Repita o processo para as outras camadas do bolo, terminando com as raspas de chocolate.

Este bolo é fácil de conservar se envolto em filme plástico ou guardado em recipiente hermeticamente fechado. Pode ser feito um dia antes e decorado no dia da festa. Não caia na tentação de misturar demais as massas, ou o efeito mármore não ficará tão bom.

bolo mármore

- 75 g de chocolate meio amargo picado grosseiramente
- 175 g de farinha de trigo
- 1 colher (chá) de fermento um pouco mais cheia
- 175 g de manteiga sem sal em temperatura ambiente
- 200 g de açúcar
- 1 colher (chá) de essência de baunilha
- 4 ovos grandes batidos
- chocolate granulado sortido

COBERTURA

- 125 g de chocolate meio amargo
- 75 g de manteiga sem sal
- 75 ml de leite
- ½ colher (chá) de essência de baunilha
- 150 g de açúcar de confeiteiro

1 fôrma de pão de 20 cm x 13 cm, untada, com a base e as laterais forradas com uma faixa contínua de papel-manteiga também untado

RENDE 8–10 PORÇÕES

Preaqueça o forno a 180°C.

Coloque o chocolate numa tigela refratária sobre uma panela de água fervente, em fogo baixo (não deixe a base da tigela tocar a água). Misture até que o chocolate derreta e fique homogêneo. Reserve e deixe esfriar um pouco.

Peneire a farinha e o fermento.

Bata a manteiga e o açúcar em batedeira ou mixer com fouet acoplado até virar um creme claro, leve e fofo. Acrescente a essência de baunilha e misture bem. Adicione aos poucos os ovos, batendo bem entre cada adição e raspando o fundo da tigela com uma espátula de borracha de vez em quando.

Acrescente os ingredientes secos e misture até ficar homogêneo. Com o auxílio de uma colher, adicione ⅓ da mistura ao chocolate derretido. Mexa bem.

Com uma colher (sopa), vá acrescentando alternadamente colheradas da mistura de baunilha e de chocolate à fôrma já preparada. Assim que colocar a massa toda, bata uma vez a fôrma sobre a superfície de trabalho para nivelar a mistura. Para criar o efeito de mármore, passe a lâmina de uma faca pela massa para criar redemoinhos, tomando cuidado para não misturar demais.

Asse em forno preaquecido, na prateleira do meio, por cerca de 1 hora, ou teste com um palito de madeira e veja se ele sai limpo. Deixe o bolo na fôrma durante 10 minutos antes de virá-lo sobre uma grelha, para esfriar mais rápido. Depois, vire o bolo para o lado correto e deixe esfriar completamente.

Para fazer a cobertura, coloque o chocolate e a manteiga numa tigela refratária sobre uma panela de água fervente, em fogo baixo (não deixe a base da tigela tocar a água). Mexa até o chocolate derreter e ficar homogêneo. Reserve e deixe esfriar um pouco.

Em outra tigela, misture o leite, a essência de baunilha e o açúcar de confeiteiro até ficar homogêneo. Acrescente a mistura de chocolate já fria até incorporar bem. Deixe a cobertura descansando para engrossar um pouco antes de usar. Assim que o bolo estiver completamente frio, passe a cobertura e decore com o chocolate granulado de sua escolha.

ROSE
8

Este é um bolo com recheio de limão-siciliano leve e delicioso. Decore como quiser, com diferentes confeitos e docinhos de várias cores. O bolo pode ser montado e decorado antecipadamente, mas só acrescente os confeitos 1 ou 2 horas antes de servir – do contrário, eles podem amolecer e manchar a cobertura.

bolo de limão-siciliano

400 g de farinha de trigo
1 colher (sopa) de fermento em pó
225 g de manteiga sem sal em temperatura ambiente
225 g de açúcar
4 ovos grandes batidos
250 ml de iogurte natural ou creme azedo em temperatura ambiente
raspas de 2 limões-sicilianos e o suco espremido de 1 limão-siciliano
docinhos e confeitos sortidos

COBERTURA

350 g de manteiga sem sal em temperatura ambiente
600 g de açúcar de confeiteiro peneirado
4 colheres (chá) de lemon curd

LEMON CURD

6 colheres (sopa) de leite condensado
1 colher (sopa) de suco de limão. Bater bem com o batedor e levar ao micro-ondas por 40 segundos

2 fôrmas de bolo de fundo removível de 20 cm, untadas e forradas com papel-manteiga untado

RENDE 8–10 PORÇÕES

Preaqueça o forno a 180°C.

Peneire a farinha e o fermento. Bata a manteiga e o açúcar em batedeira ou mixer até obter um creme claro, leve e fofo. Acrescente aos poucos os ovos, misturando bem entre cada adição e raspando o fundo da tigela com uma espátula de borracha de vez em quando. Com a batedeira em velocidade baixa, adicione os ingredientes secos e o iogurte natural aos poucos, alternadamente. Acrescente as raspas e o suco de limão e misture até ficar homogêneo.

Divida a mistura entre as fôrmas de bolo já preparadas e asse na prateleira do meio do forno preaquecido por mais ou menos 35 minutos, ou teste com um palito de madeira e veja se ele sai limpo. Deixe os bolos esfriarem nas fôrmas durante 10 minutos antes de virá-los sobre grelhas, para ajudar a esfriar. Depois, vire os bolos para o lado correto e deixe esfriar completamente. Para fazer a cobertura, bata a manteiga e o açúcar de confeiteiro até obter um creme claro e liso. Acrescente o lemon curd e misture bem até ficar homogêneo.

Quando for montar, pegue uma faca grande e serrilhada e divida horizontalmente cada bolo ao meio, de modo a obter 4 camadas da mesma espessura. Coloque uma camada sobre o prato de servir e espalhe duas colheres bem cheias de cobertura.

Coloque outra camada do bolo e cubra novamente. Repita até obter 4 camadas de bolo e 3 de cobertura.

Cubra a parte superior e as laterais do bolo inteiro com o restante da cobertura, espalhando de maneira uniforme com uma espátula.

Decore o bolo com confeitos sortidos à sua escolha.

Esta receita é uma delícia e um sucesso entre as crianças. Faça o bolo com antecedência e monte-o no dia da festa.

bolo fantástico de chocolate

125 g de cacau em pó de boa qualidade
250 ml de água fervente
400 g de farinha de trigo
2 colheres (chá) de fermento
1½ colher (chá) de bicarbonato de sódio
150 g de manteiga sem sal em temperatura ambiente
500 g de açúcar cristal
3 ovos grandes batidos
300 ml de leite em temperatura ambiente

COBERTURA

350 g de chocolate meio amargo picado grosseiramente
225 g de manteiga sem sal
225 ml de leite
1 colher (chá) de essência de baunilha
450 g de açúcar de confeiteiro peneirado

3 fôrmas redondas de fundo removível de 10 cm, 18 cm e 23 cm, untadas e forradas com papel-manteiga untado

RENDE 14–16 PORÇÕES

Preaqueça o forno a 180°C.

Coloque o cacau em pó e a água fervente numa tigela média e misture até ficar homogêneo. Deixe esfriar. Reserve.

Numa vasilha, peneire a farinha, o fermento e o bicarbonato de sódio.

Bata a manteiga e o açúcar em batedeira ou mixer com fouet acoplado até obter um creme claro, leve e fofo. Acrescente aos poucos os ovos, misturando bem entre cada adição e raspando o fundo da tigela com uma espátula de borracha de vez em quando.

Junte os ingredientes secos e o leite à mistura aos poucos, alternadamente. Adicione a mistura de cacau e bata até que todos os ingredientes e a massa fiquem homogêneos.

Divida a mistura nas fôrmas já preparadas. Asse em forno preaquecido até inserir um palito de madeira no meio e ele sair limpo – cerca de 25 minutos para o bolo menor, 30-35 minutos para o médio e 40-45 minutos para o maior. Deixe os bolos nas fôrmas durante 10 minutos antes de virá-los sobre grelhas, para que esfriem mais rápido. Depois, vire-os para o lado correto e deixe esfriar completamente.

Para fazer a cobertura, derreta o chocolate e a manteiga numa tigela refratária sobre uma panela de água fervente, em fogo baixo (não deixe a base da tigela tocar a água). Misture até o chocolate derreter e ficar homogêneo. Reserve e deixe esfriar um pouco.

Em outra tigela, bata o leite, a essência de baunilha e o açúcar de confeiteiro, até ficar homogêneo. Acrescente a mistura de chocolate e bata até incorporar. Deixe a cobertura descansando para engrossar um pouco antes de usar.

Usando uma faca comprida e serrilhada, corte os 3 bolos ao meio horizontalmente. Coloque uma camada do bolo maior no prato de servir e espalhe algumas colheres (sopa) da cobertura. Cubra com a outra metade do bolo. Repita com os bolos restantes, colocando um em cima do outro, do maior para o menor. Cubra todo o bolo com a cobertura, espalhando de modo uniforme com uma espátula.

Se você não quiser fazer nove blocos de montar, o bolo pode ser facilmente cortado em quatro cubos maiores. Não esqueça que o bolo precisa ser reservado de um dia para o outro dentro de um recipiente hermeticamente fechado para que a cobertura se solidifique.

blocos de montar

- 2 receitas de pão de ló de baunilha médio (p. 11)
- 6 colheres (sopa) de geleia de framboesa peneirada
- 3 colheres (sopa) de buttercream (p. 14), opcional
- 500 g de marzipã
- 500 g de glacê real pronto
- corantes comestíveis de sua preferência

2 fôrmas redondas de fundo removível de 20 cm, untadas e forradas com papel-manteiga untado
moldes de biscoito em formato de letras ou números
fita para decorar

RENDE 9 PORÇÕES

Preaqueça o forno a 180°C.

Faça as 2 receitas de pão de ló de baunilha e divida entre as fôrmas já preparadas. Asse em forno preaquecido, na prateleira do meio, por cerca de 35-40 minutos, ou teste com um palito de madeira e veja se ele sai limpo. Deixe os bolos esfriarem nas fôrmas durante 10 minutos antes de virá-los sobre grelhas, para esfriar mais rápido. Depois, vire os bolos para o lado correto e deixe-os esfriar completamente.

Nivele a parte de cima dos bolos com uma faca afiada. Espalhe duas colheres (sopa) de geleia ou de buttercream entre eles. Corte as laterais para que os lados fiquem completamente iguais. Divida o bolo em 9 blocos. Aqueça o restante da geleia numa panela pequena até amolecer, peneire e pincele no topo e nas laterais de cada bloco.

Divida o marzipã em 9 pedaços de tamanhos iguais. Numa superfície de trabalho levemente polvilhada com açúcar de confeiteiro, utilize um rolo para abrir cada pedaço de marzipã em um quadrado com espessura de no máximo 2 mm, mas grande o suficiente para cobrir cada bloco. Cubra o topo e as laterais dos blocos com o marzipã, nivelando a superfície com as mãos cobertas com açúcar de confeiteiro. Deixe descansar pelo menos por 1 hora.

Caso utilize mais de um corante, divida o glacê real e tinja cada porção com as cores escolhidas (p. 16). Lembre que no fim você precisará de 9 pedaços iguais de glacê para cobrir os blocos. Cubra o glacê real que não estiver utilizando no momento com filme plástico. Corte o restante no número escolhido de pedaços iguais. Numa superfície de trabalho levemente polvilhada com açúcar de confeiteiro, utilize um rolo para abrir cada pedaço de glacê em um quadrado com espessura de no máximo 2 mm, mas grande o suficiente para cobrir cada bloco. Pincele bem de leve cada bloco com água fervida resfriada. Cubra o topo e as laterais dos blocos com o glacê, alisando a superfície com as mãos polvilhadas com açúcar de confeiteiro. Retire os excessos. Repita o processo com outros pedaços de glacê colorido até terminar os blocos.

Sove o restante do glacê, abra com o rolo e utilize para fazer mais letras ou números. Pincele-os bem de leve com água fria e aplique nas laterais e no topo de cada bolo. Deixe os bolos secarem de um dia para o outro antes de decorar com a fita.

Guarde os pedaços que sobrarem do bolo para usar num pavê ou para colocar na lancheira das crianças. Quando se sentir mais confiante, tente fazer bolos no formato de outros números.

bolo número "5"

2 receitas de pão de ló básico de baunilha grande (p. 11)
1 medida de buttercream (p. 14)
corante comestível azul

1 fôrma redonda de fundo removível de 23 cm e 1 quadrada de 20 cm, untadas e forradas com papel-manteiga untado
molde redondo para cortar massa de 7 a 8 cm ou uma tigela
saco de confeiteiro com bico em formato de estrela

RENDE 12–14 PORÇÕES

Preaqueça o forno a 180°C.

Faça as 2 receitas de pão de ló de baunilha e divida entre as fôrmas já preparadas. Asse em forno preaquecido, na prateleira do meio, por cerca de 30-35 minutos, ou teste com um palito de madeira e veja se ele sai limpo. Deixe os bolos esfriarem nas fôrmas durante 10 minutos antes de virá-los sobre grelhas, para esfriar mais rápido. Depois, vire os bolos para o lado correto e deixe esfriar completamente.

Nivele a parte de cima dos bolos com uma faca afiada para que fiquem da mesma altura. Use o molde redondo ou uma tigela pequena para cortar um círculo no meio do bolo redondo (você não precisará desse pedaço para a montagem final). Imagine que o bolo redondo é um relógio: retire a parte correspondente ao trecho entre 9 e 12 horas.

Retire as beiradas do bolo quadrado e corte-o ao meio para obter 2 retângulos de 10 cm x 20 cm cada. Corte um desses pedaços em um retângulo menor de aproximadamente 15 cm x 10 cm.

Coloque o bolo redondo na parte inferior de uma placa grande com a parte cortada voltada para o lado esquerdo. Posicione o retângulo maior formando a parte vertical do 5 e o pedaço menor como a parte de cima.

Tinja o buttercream com o tom de azul desejado usando o corante comestível (p. 17). Cubra o bolo inteiro com ⅔ do buttercream, espalhando de modo uniforme com uma espátula. Tinja o restante do buttercream com uma cor que gere contraste e utilize para fazer rosetas com o saco de confeiteiro, decorando as extremidades do bolo.

Este é um método infalível para fazer suspiros crocantes por fora e levemente cremosos no meio. Para não cansar os braços, utilize uma batedeira, já que demora 10 minutos para que o merengue fique bem firme e brilhante. Os suspiros prontos podem ser conservados de 3 a 4 dias em recipiente hermeticamente fechado.

montanha de suspiro

300 g de açúcar
150 g de claras (cerca de 5 ovos grandes)
corante comestível rosa
corante comestível azul
bolinhas prateadas comestíveis e granulado colorido
1 colher (sopa) de cacau em pó

2 fôrmas para assar biscoitos forradas com papel-manteiga

RENDE 12 PORÇÕES

Preaqueça o forno a 200°C.

Coloque o açúcar numa assadeira pequena e deixe no forno preaquecido por aproximadamente 7 minutos ou até ficar quente ao toque. Diminua a temperatura do forno para 110°C.

Enquanto isso, bata as claras em neve numa batedeira. Despeje todo o açúcar quente sobre as claras de uma vez e continue a bater na velocidade máxima por cerca de 10 minutos, até o merengue esfriar, ficar clarinho e fazer picos firmes.

Divida a mistura em três tigelas. Acrescente pequenas quantidades de corante comestível rosa a uma das tigelas usando um palito de madeira e misture delicadamente, usando uma colher de metal grande, até que a cor faça um efeito de mármore no merengue.

Utilizando 2 colheres (sopa), faça 4 montinhos de tamanhos iguais com o merengue nas fôrmas já preparadas. Repita o processo com o corante azul.

Peneire o cacau sobre a última tigela de merengue e misture delicadamente até criar um efeito de mármore.

Espalhe as bolinhas prateadas e o granulado colorido sobre os suspiros. Asse em forno preaquecido (entre 1h30 e 1h45). Retire do forno e deixe esfriando ainda nas fôrmas. Empilhe-os sobre um prato na hora de servir.

Todo mundo adora cupcakes. Solte a imaginação e faça cupcakes lindos e completamente diferentes com o auxílio da cobertura e da decoração. Peça para a aniversariante ajudar a decorar.

cupcakes de princesa

1 receita de pão de ló básico de baunilha grande (p. 11)
1 receita de buttercream (p. 14)
corantes comestíveis à sua escolha
granulado colorido

sacos de confeiteiro com bico em formato de estrela
2 fôrmas de muffin (com capacidade para 12 cada), forradas com 18 a 20 forminhas de papel para cupcake

RENDE 18–20 CUPCAKES

Preaqueça o forno a 180°C.

Prepare o pão de ló de baunilha e divida entre as forminhas. Asse em forno preaquecido, na prateleira do meio, por cerca de 20 a 25 minutos, ou teste com um palito de madeira e veja se ele sai limpo. Deixe os cupcakes esfriarem nas fôrmas durante 10 minutos antes de virá-los sobre uma grelha. Depois, vire-os para o lado correto e deixe esfriarem completamente.

Divida a cobertura de buttercream em 3 ou 4 tigelas, dependendo de quantas cores você quiser usar. Tinja a cobertura em cada tigela com a cor desejada (p. 17). Preencha os sacos de confeiteiro com o buttercream colorido e faça redemoinhos generosos sobre cada um dos cupcakes. Decore com o granulado e sirva em um suporte para doces de dois ou mais andares.

Procure casquinhas de sorvete que tenham o fundo chato e possam ficar de pé nas fôrmas de muffin quando forem para o forno. Tinja o buttercream de rosa para obter o "sorvete" de morango e espalhe morangos frescos fatiados ou cerejas por cima. Ficam mais gostosos se feitos no dia da festa.

cupcakes de "sorvete"

- 125 g de manteiga sem sal em temperatura ambiente
- 125 g de açúcar
- 2 ovos grandes batidos
- 1 colher (chá) de essência de baunilha
- 125 g de farinha de trigo
- 1½ colher (chá) de fermento
- 2 colheres (sopa) de leite em temperatura ambiente
- 10 casquinhas de sorvete (com fundo reto)
- 10 barrinhas de chocolate pequenas

BUTTERCREAM

- 250 g de manteiga sem sal em temperatura ambiente
- 500 g de açúcar de confeiteiro peneirado
- 1 colher (chá) de essência de baunilha

1 fôrma de muffin (com capacidade para 12)
saco de confeiteiro com bico em formato de estrela

RENDE 10 PORÇÕES

Preaqueça o forno a 180°C.

Disponha as casquinhas de pé dentro da fôrma.

Bata a manteiga e o açúcar numa batedeira ou com um mixer com fouet acoplado até obter um creme claro, leve e fofo. Acrescente aos poucos os ovos, misturando bem entre cada adição e raspando o fundo da tigela com uma espátula de borracha de vez em quando. Acrescente a essência de baunilha e bata bem.

Peneire a farinha e o fermento e junte-os delicadamente à mistura. Adicione o leite e bata até ficar homogêneo. Divida a mistura entre as casquinhas de sorvete e asse na prateleira do meio do forno preaquecido por 20-25 minutos até dourar e, ao inserir um palito no meio dos cupcakes, ele sair limpo. Deixe os cupcakes esfriarem na fôrma durante 10 minutos antes de virá-los sobre grelhas para resfriarem por completo.

Para fazer o buttercream, bata a manteiga, o açúcar e a essência de baunilha como descrito acima. Ponha o buttercream no saco de confeiteiro e faça redemoinhos generosos sobre cada cupcake. Decore com a barrinha de chocolate.

Este é o bolo de aniversário perfeito, já que pode ser feito com 3 dias de antecedência se conservado tampado dentro do freezer e decorado com pastilhas de chocolate picadas pouco antes de servir.

bolo de sorvete

175 g de açúcar
3 claras (de ovos grandes)
1 receita de pão de ló básico de chocolate médio (p. 11)
1 litro de sorvete de creme de boa qualidade
1,5 litro de sorvete de chocolate de boa qualidade
200 g de chocolatinho de menta ou pastilhas de chocolate de menta picadas
balas macias picadas grosseiramente

1 fôrma de bolo de 33 cm x 23 cm x 6 cm, untada e forrada com papel-manteiga untado

RENDE 12 PORÇÕES

Preaqueça o forno a 200°C.

Coloque o açúcar em uma assadeira pequena e deixe no forno preaquecido por uns 5 minutos. Diminua a temperatura para 110°C.

Enquanto isso, bata as claras em neve em batedeira. Despeje todo o açúcar quente sobre as claras em neve de uma vez e continue a bater em velocidade alta durante 8 minutos, até o merengue esfriar, ficar branco e fazer picos altos.

Coloque com uma colher sobre a fôrma já preparada, deixando liso e uniforme com uma espátula, e asse na prateleira do meio do forno durante 1h30, ou até a superfície ficar crocante. Retire do forno e deixe na fôrma até esfriar por completo. Quando estiver frio, desenforme e limpe a fôrma, deixando-a pronta para assar as camadas do bolo.

Para fazer as camadas, unte a fôrma e forre com papel-manteiga untado.

Preaqueça o forno a 180°C.

Faça o pão de ló de chocolate e coloque na fôrma preparada. Asse na prateleira do meio, no forno preaquecido, durante 20-25 minutos. Deixe o bolo na fôrma durante 10 minutos antes de virá-lo sobre uma grelha para ajudar a esfriar. Depois, vire-o para o lado correto e deixe-o esfriar completamente. Para montar o bolo, você precisará que todo o sorvete de creme e ¼ do sorvete de chocolate fiquem moles, então coloque na geladeira durante 20 minutos.

Usando uma faca comprida e serrilhada, corte o bolo ao meio de modo a obter 2 retângulos menores, de mais ou menos 23 cm x 16 cm. Retire cuidadosamente o papel-manteiga do merengue e corte-o da mesma maneira.

Despeje o sorvete de creme numa tigela e misture os chocolatinhos de menta.

Rapidamente, coloque uma fatia do bolo numa tábua e espalhe metade do sorvete de creme. Coloque por cima uma camada do merengue. Espalhe o sorvete de chocolate sobre o merengue e cubra com a camada de merengue que sobrou. Espalhe o restante do sorvete de creme e, por cima, coloque a fatia restante do bolo de chocolate.

Cubra o bolo com filme plástico e coloque no freezer em congelamento rápido por pelo menos 2 horas, ou até ficar sólido. Transfira para o prato onde irá servir e acerte as beiradas com uma faca comprida.

Deixe o restante do sorvete de chocolate amolecer um pouco na geladeira durante uns 20 minutos e depois espalhe sobre todo o bolo. Reserve novamente no congelador durante 1 hora. Quando estiver na hora de servir, espalhe as balas picadas por cima.

21
22
25
20
19
18
17
16
11
12
14
10
9
8
6
1
2
3
4
5

Se você não gosta de marzipã, pode espalhar uma camada de buttercream sobre o bolo antes de colocar a cobertura. Não esqueça que o bolo precisa ser reservado de um dia para outro em um recipiente hermeticamente fechado para que a cobertura se solidifique.

cobras & escadas

1 receita de pão de ló básico de baunilha extragrande (p. 11)
6 colheres (sopa) de geleia de damasco ou framboesa
750 g de marzipã
1 kg de fondant já pronto
corante comestível verde
corante comestível amarelo
pasta comestível preta para escrever
cobrinhas de jujuba sortidas

1 fôrma de bolo quadrada de 25 cm, untada e forrada com papel-manteiga untado
fita para decorar (opcional)

RENDE 15–20 PORÇÕES

Preaqueça o forno a 180°C.

Faça o pão de ló de baunilha e despeje com uma colher na fôrma de bolo já preparada. Asse em forno preaquecido, na prateleira do meio, durante 40-45 minutos, ou teste com um palito de madeira e veja se ele sai limpo. Deixe o bolo na fôrma durante 10 minutos antes de virá-lo sobre uma grelha, para ajudar a esfriar. Depois, vire o bolo para o lado correto e espere esfriar completamente.

Se necessário, nivele a parte de cima do bolo com uma faca afiada. Coloque-o sobre o prato de servir. Aqueça a geleia numa panela pequena até amolecer, peneire e pincele sobre as laterais e a parte de cima do bolo.

Numa superfície de trabalho levemente polvilhada com açúcar de confeiteiro, utilize um rolo para abrir o marzipã em formato quadrado, um pouco maior que o bolo. Cubra a parte de cima e as laterais do bolo com o marzipã, nivelando a superfície com as mãos cobertas com açúcar de confeiteiro e cortando as bordas. Deixe descansar pelo menos por 1 hora.

Pincele de leve o marzipã com água fervida resfriada.

Numa superfície de trabalho levemente polvilhada com açúcar de confeiteiro, utilize um rolo para abrir o fondant em formato quadrado, um pouco maior do que o bolo. Cubra a parte de cima e as laterais do bolo com o fondant, nivelando a superfície com as mãos polvilhadas com açúcar de confeiteiro e cortando as bordas. Divida o fondant que sobrar em 2 porções iguais e tinja metade de laranja e a outra metade de verde (p. 16). Abra a massa com o rolo para que fique bem fina e corte em quadradinhos de tamanhos iguais para fazer o tabuleiro do jogo sobre o bolo. Aplique-os com um pouco de água fervida resfriada. Deixe secar de um dia para o outro dentro de um recipiente hermeticamente fechado.

No dia seguinte, use a pasta comestível de escrever para desenhar números e escadinhas nos quadrados. Se for usar fita, faça um laço ao redor da base do bolo e decore com as cobrinhas de jujuba sortidas.

Asse a base do bolo com um dia de antecedência (antes de decorar os docinhos) e guarde num recipiente hermeticamente fechado – isso vai facilitar o trabalho de cortar e decorar. São bolinhos em forma de doce, perfeitos para comer de uma bocada só!

docinhos de fondant

- 150 g de manteiga sem sal em temperatura ambiente
- 150 g de açúcar
- 2 ovos grandes batidos
- 150 g de farinha de trigo
- 2 colheres (chá) de fermento
- 3-4 colheres (sopa) de leite
- 50 g de amêndoas moídas
- raspas e suco de ½ limão-siciliano
- 2 colheres (sopa) de lemon curd (p. 31)
- 1 colher (sopa) de geleia de damasco
- 100 g de marzipã
- florzinhas de açúcar
- bolinhas prateadas comestíveis

COBERTURA

- 500 g de açúcar de confeiteiro com 3 colheres (sopa) de amido de milho
- suco de 1 limão
- corante comestível rosa

1 fôrma de bolo quadrada de 20 cm, untada e forrada com papel-manteiga untado
saco de confeiteiro com bico simples de tamanho pequeno

RENDE APROX. 15 PORÇÕES

Preaqueça o forno a 180°C.

Bata a manteiga e o açúcar numa batedeira ou com um mixer com fouet acoplado até obter um creme claro, leve e fofo. Acrescente aos poucos os ovos, misturando bem entre cada adição e raspando o fundo da tigela com uma espátula de borracha de vez em quando.

Peneire a farinha e o fermento e acrescente delicadamente metade à mistura; em seguida acrescente metade do leite. Coloque o restante da farinha e do leite em levas alternadas.

Adicione delicadamente as amêndoas moídas, as raspas e o suco de limão e misture até ficar homogêneo. Depois, despeje com uma colher na fôrma já preparada. Asse em forno preaquecido, na prateleira do meio, durante 25-30 minutos, ou teste com um palito de madeira e veja se ele sai limpo. Deixe o bolo na fôrma por 10 minutos antes de virá-lo sobre uma grelha, para esfriar mais rápido. Depois, espere esfriar por completo e reserve num recipiente hermeticamente fechado de um dia para o outro.

No dia seguinte, se necessário, nivele a parte de cima do bolo com uma faca afiada. Corte-o ao meio, na horizontal. Coloque a parte de baixo sobre uma tábua e espalhe o lemon curd. Cubra com a outra camada, com o lado do corte para baixo. Aqueça a geleia numa panela pequena até amolecer, peneire e pincele sobre a parte de cima do bolo.

Numa superfície levemente polvilhada com açúcar de confeiteiro, com um rolo, abra o marzipã em formato quadrado, do mesmo tamanho do bolo, usando a fôrma como referência. Coloque o marzipã sobre a geleia, ajeitando a superfície com as mãos polvilhadas com açúcar de confeiteiro. Retire os excessos das laterais e corte o bolo em quadradinhos de 4 cm.

Misture o açúcar de confeiteiro com o suco de limão até ficar homogêneo e grosso o suficiente para revestir os bolos. Transfira metade da cobertura para uma tigela pequena, adicione corante comestível rosa até atingir o tom desejado (p. 17) e cubra com filme plástico. Tinja a cobertura restante com outro tom de rosa. Cubra a parte superior e as laterais de cada bolinho com as duas cores e deixe secando sobre uma grelha. Separe o fondant que sobrar e cubra com filme plástico. Transfira os bolinhos para uma grelha e deixe descansar durante pelo menos 1 hora, ou até ficarem firmes.

Ponha o restante do fondant no saco de confeiteiro e faça linhas finas e pontos em cada bolinho. Decore com florzinhas de açúcar e bolinhas prateadas comestíveis. Deixe secar antes de servir.

animais

Todos os chocolates usados nesta receita podem ser facilmente encontrados no supermercado ou numa loja de doces. Procure pastilhas de chocolate de tamanhos diferentes.

coruja

- 1 receita de pão de ló básico de baunilha extragrande (p. 11)
- 1 receita de cobertura de chocolate (p. 15)
- pastilhas de chocolate em tamanhos diferentes
- chocolate granulado
- palitos cobertos com chocolate
- 1 barra de caramelo com cobertura de chocolate

2 fôrmas redondas de fundo removível de 23 cm, untadas e cobertas com papel-manteiga untado
saco de confeiteiro com bico em formato de estrela

RENDE 12–16 PORÇÕES

Preaqueça o forno a 180°C.

Faça o pão de ló de baunilha e divida entre as fôrmas já preparadas. Asse em forno preaquecido, na prateleira do meio, por cerca de 30-35 minutos, ou teste com um palito de madeira e veja se ele sai limpo. Deixe os bolos esfriarem nas fôrmas durante 10 minutos antes de virá-los sobre grelhas, para esfriar mais rápido. Depois, vire os bolos para o lado correto e deixe-os esfriar completamente.

Se necessário, nivele a parte de cima do bolo com uma faca afiada. Coloque um dos bolos sobre o prato de servir e espalhe sobre a superfície cortada 3 colheres (sopa) da cobertura de chocolate. Cubra com a outra camada, com o lado do corte para baixo. Cubra o topo e as laterais do bolo todo com ¾ do restante da cobertura de chocolate, espalhando de maneira uniforme com uma espátula.

Arrume as pastilhas de chocolate na metade inferior do bolo para criar o efeito das penas e cubra a metade superior com o chocolate granulado. Ponha o resto da cobertura no saco de confeiteiro e utilize para fazer penas ao redor do rosto da coruja.

Coloque pastilhas de chocolate diferentes sobre o granulado para fazer os olhos. Corte os palitos de chocolate em pedaços mais finos e enfie na lateral do bolo, na parte inferior, para fazer os pés. Quebre a barra de chocolate com caramelo ao meio. Corte cada metade em dois pedaços, na diagonal, para fazer as asas. Ponha um pedaço em cada lateral do bolo. Corte o resto da barra de chocolate em formato triangular para fazer o bico e coloque sobre o rosto da coruja.

O bolo de coelhinho ao lado foi coberto com merengue, mas é possível usar buttercream colorido na cor que quiser. Para o rabo do coelho, você só vai precisar de um cupcake, então congele o restante ou transforme em flores, como as da p. 122, e disponha ao redor do coelho.

coelhinho

- 1 receita de pão de ló básico de baunilha extragrande (p. 11)
- 1 receita de pão de ló básico de baunilha pequeno (p. 11)
- 1 medida de cobertura de merengue (p. 15)
- corante comestível rosa
- 2 jujubas ou confeitos de chocolate com cobertura marrom
- pasta comestível preta para escrever

- *1 fôrma de bolo de 33 cm x 23 cm x 6 cm, untada e forrada com papel-manteiga untado*
- *1 fôrma de muffin (com capacidade para 6), forrada com forminhas de papel*

RENDE 12 PORÇÕES

Preaqueça o forno a 180°C.

Prepare as misturas do pão de ló de baunilha (separadamente) e, com uma colher, despeje a extragrande na fôrma de bolo já preparada e a pequena nas forminhas de papel. Asse em forno preaquecido, na prateleira do meio, até inserir um palito de madeira, e ele sair limpo – 40 minutos para o bolo e 20-25 para os cupcakes. Deixe os bolos esfriarem nas fôrmas durante 10 minutos antes de virá-los sobre grelhas, para ajudar a esfriar. Depois, vire os bolos para o lado correto e espere esfriarem completamente.

Veja o diagrama na p. 20 para delinear o coelho num pedaço de papel. Faça o molde e posicione sobre o bolo. Corte ao redor do molde com uma faca afiada e use o restante do bolo para fazer a cabeça e as orelhas. Monte as partes do corpo numa bandeja grande.

Separe numa vasilha pequena 3-4 colheres (sopa) da cobertura de merengue para as orelhas e o rabo. Cubra por completo a parte superior e as laterais do coelho com o merengue, fazendo pequenos picos com o dorso de uma colher para dar uma textura que imite o pelo.

Misture uma quantidade bem pequena de corante comestível rosa (p. 17) no merengue da vasilha pequena, até obter um rosa claro. Retire a forminha de papel de um dos cupcakes e cubra-o com o merengue rosa. Preencha a parte do meio das orelhas também com o merengue rosa. Coloque o cupcake no lugar do rabo do coelho, sobre o bolo.

Posicione as jujubas ou confeitos de chocolate no rosto do coelho para fazer o olho e o nariz. Usando a pasta comestível para escrever, desenhe os bigodes. Deixe descansando por volta de 1 hora para endurecer levemente antes de servir.

Este é um bolo que agrada às crianças menores. Prepare-o com antecedência e monte no dia da festa. Para fazer as orelhas e o nariz você vai precisar preparar uma fornada de cupcakes – mas como só serão necessários alguns para a montagem do bolo de ursinho, você pode congelar o restante ou decorá-los e servir junto com o bolo.

ursinho

1 receita de pão de ló básico, de chocolate ou baunilha, grande (p. 11)
1 receita do pão de ló básico, de chocolate ou baunilha, pequeno (p. 11)
1 medida da cobertura de chocolate (p. 15)
confeitos e pastilhas de chocolate sortidos
fita para decorar

2 fôrmas redondas de fundo removível de 20 cm, untadas e forradas com papel-manteiga untado
1 fôrma para muffins (com capacidade para 12), com 6 forminhas de papel e 1 forminha de papel para minicupcake

RENDE 10 PORÇÕES

Preaqueça o forno a 180°C.

Faça as receitas de pão de ló (separadamente) e, com uma colher, despeje a grande nas fôrmas de bolo já preparadas e a pequena nas forminhas de papel. Asse em forno preaquecido, na prateleira do meio, até inserir um palito de madeira, e ele sair limpo – 30 minutos para os bolos, 25 minutos para os cupcakes e 15 minutos para o minicupcake. Deixe os bolos esfriarem nas fôrmas por 10 minutos antes de virá-los sobre grelhas, para esfriar mais rápido. Depois, vire os bolos para o lado correto e espere esfriarem completamente.

Se necessário, use uma faca comprida e serrilhada para nivelar a parte superior dos bolos. Coloque um deles sobre o prato de servir e espalhe 3-4 colheres (sopa) da cobertura de chocolate sobre ele. Coloque o segundo bolo sobre o primeiro. Cubra o topo e as laterais do bolo com ¾ do restante da cobertura de chocolate, espalhando de maneira uniforme com uma espátula.

Retire a forminha de papel de um dos cupcakes e divida-o ao meio fazendo um corte horizontal. Posicione uma metade em cada lado da cabeça para fazer as orelhas. Decore a parte superior de 2 cupcakes com a cobertura e coloque-os sobre as metades do cupcake cortado, deixando as orelhas mais ou menos da mesma altura do rosto do ursinho.

Retire a forminha de papel do minicupcake e passe cobertura nele todo. Coloque-o no meio do bolo para fazer o nariz do urso. Use as pastilhas e confeitos de chocolate para fazer os olhos, a boca e as orelhas. Faça um laço com a fita e coloque no pescoço do urso.

Estes divertidos cupcakes parecem difíceis, mas na verdade são bem fáceis de fazer. Os equipamentos mais sofisticados de que você vai precisar são alguns sacos e bicos de confeiteiro e uma mão firme. Os cupcakes podem ser feitos com antecedência e guardados no freezer, sem a cobertura, em um recipiente plástico.

cupcakes de gatinho

1 receita de pão de ló básico de baunilha grande (p. 11)
1 medida de buttercream (p. 14)
corante comestível marrom
corante comestível preto
docinhos de alcaçuz pequenos
12 confeitos de chocolate coloridos
pasta comestível preta para escrever

2 sacos de confeiteiro com bicos em formato de estrela
1 fôrma de muffin (com capacidade para 12), forrada com forminhas de papel
1 fôrma de minicupcake (com capacidade para 12), forrada com miniforminhas de papel

RENDE 12 PORÇÕES

Preaqueça o forno a 180°C.

Faça a receita do pão de ló de baunilha e coloque em cada forminha uma colher (sopa) mais cheia e nas miniforminhas uma colher (chá) cheia. Asse em forno preaquecido, na prateleira do meio – os cupcakes levam 20-25 minutos para ficar prontos e, os minicupakes, 10-15 minutos. Insira um palito no meio dos bolos, se sair limpo, estão prontos. Deixe nas fôrmas durante 10 minutos e depois transfira para uma grelha para esfriar por completo.

Divida o buttercream em 3 tigelas. Tinja uma de marrom e a outra de cinza, usando o corante preto (p. 17). Deixe a terceira tigela sem colorir.

Encha os sacos de confeitar com os buttercreams coloridos. Vá fazendo linhas de buttercream sobre os cupcakes, da extremidade para o centro, criando uma pequena cúpula – cubra 4 cupcakes com buttercream marrom, 4 com cinza e 4 com branco. Repita o processo com os minicupcakes, fazendo orelhas no topo de cada um.

Corte os docinhos de alcaçuz em pedaços pequenos para fazer os narizes e coloque um em cada minicupcake. Corte os confeitos de chocolate ao meio e coloque nas orelhas. Usando a pasta comestível para escrever, faça os olhos e os bigodes em cada minicupcake. Posicione-os sobre os cupcakes de maneira que fiquem bem presos.

É um bolo que certamente vai agradar o(a) aniversariante que gostar de dinossauros. Procure biscoitos de chocolate em formato de hóstias finas na seção de biscoitos do supermercado, já que com elas você pode fazer uma espinha dorsal perfeita para o dinossauro. Decore a bandeja onde servir o bolo com "pedrinhas" cobertas de chocolate.

dinossauro verde

1 receita de pão de ló básico de baunilha extragrande (p. 11)
1 receita de buttercream (p. 14)
corante comestível verde
corante comestível marrom
14 miniconfeitos de chocolate
lâminas de chocolate
jujubas verdes em formato de losango
confeitos de chocolate pequenos
confeitos verdes pequenos
pastilhas de chocolate branco
pasta comestível preta para escrever

2 fôrmas redondas de fundo removível de 23 cm, untadas e forradas com papel-manteiga untado
saco de confeiteiro com bico em formato de estrela

RENDE 10–12 PORÇÕES

Preaqueça o forno a 180°C.

Faça o pão de ló de baunilha e divida nas fôrmas já preparadas. Asse em forno preaquecido, na prateleira do meio, por cerca de 35-40 minutos, ou teste com um palito de madeira e veja se ele sai limpo. Deixe os bolos esfriarem nas fôrmas durante 10 minutos antes de virá-los sobre grelhas, para esfriar mais rápido. Espere esfriar por completo e guarde na geladeira de um dia para o outro, em um recipiente hermeticamente fechado.

No dia seguinte, monte o dinossauro (consulte o diagrama na p. 20). Se necessário, use uma faca comprida e serrilhada para nivelar os bolos. Coloque-os um sobre o outro, com os lados do corte virados para dentro. Corte o terço de baixo dos dois bolos juntos e reserve. Separe os bolos novamente e espalhe um pouco do buttercream sobre um dos lados cortados. Faça um sanduíche com os dois bolos e coloque-os em pé (sobre o lado cortado) no meio da bandeja onde irá servir o dinossauro.

Os pedaços de bolo que você reservou devem parecer gomos de laranja. Pegue um dos gomos e corte ao meio, para fazer dois triângulos mais ou menos regulares. Faça um sanduíche com eles, passando um pouco de buttercream no meio. Coloque em pé para fazer a cabeça do dinossauro. Corte 4 tiras do lado reto do segmento que restou e prenda 2 tiras com buttercream de cada lado do dinossauro, para fazer as pernas. Você deve ficar com um segmento pequeno sobrando. Corte esse segmento ao meio para fazer dois triângulos mais ou menos regulares. Faça um sanduíche com eles, passando um pouco de buttercream e coloque em pé, para formar o rabo.

Numa tigela pequena, reserve 4 colheres (sopa) de buttercream. Tinja o restante com corante comestível verde (p. 17). Encha um saco de confeiteiro com o buttercream verde e use para cobrir o dinossauro com rosetas. Tinja de marrom o buttercream que havia reservado e faça as patas. Aplique os miniconfeitos de chocolate nos pés para fazer as garras.

Enfie as lâminas de chocolate nas costas do dinossauro para fazer as escamas e posicione as jujubas verdes entre cada lâmina. Espalhe os confeitos verdes e os de chocolate por todo o dinossauro. Grude as pastilhas de chocolate branco no rosto, fazendo os olhos, e use a pasta de escrever preta para fazer as pupilas e a boca. Com o que sobrou dos miniconfeitos de chocolate, faça as narinas.

Você só vai precisar de um cupcake para esta receita, mas se fizer uma fornada inteira, congele os outros ou decore para servir com o bolo. Outra ideia é comprar mais palitinhos de chocolate e transformar os cupcakes em filhotinhos do porco-espinho!

porco-espinho

- 1 receita de pão de ló básico, de chocolate ou baunilha, grande (p. 11)
- 1 receita de pão de ló básico, de chocolate ou baunilha, pequeno (p. 11)
- 1 medida da cobertura de chocolate (p. 15)
- chocolate granulado
- aproximadamente 500 g de palitinhos de chocolate com recheio de menta ou similar
- 3 confeitos de chocolate redondos coloridos

1 tigela de vidro que possa ir ao forno, com capacidade para 2 litros, untada e polvilhada

1 fôrma de muffin (com capacidade para 6) forrada com forminhas de papel

RENDE 10 PORÇÕES

Preaqueça o forno a 180°C.

Faça as receitas de pão de ló de baunilha (separadamente) e, com uma colher, despeje a grande na tigela já preparada e a pequena nas forminhas de papel. Asse em forno preaquecido, na prateleira do meio, até inserir um palito de madeira, e ele sair limpo – 1 hora para o bolo e 20-25 minutos para os cupcakes. Deixe os bolos nas fôrmas durante 10 minutos antes de virá-los sobre grelhas, para esfriar completamente.

Se necessário, use uma faca comprida e serrilhada para nivelar a parte inferior do bolo. Corte-o em 3 camadas horizontais iguais. Entre elas, espalhe 3 colheres (sopa) da cobertura de chocolate.

Coloque o bolo sobre o prato de servir e passe o restante da cobertura de chocolate, espalhando de maneira uniforme com uma espátula.

Tire a forminha de papel de um dos cupcakes e nivele a parte arredondada de cima. Vire de cabeça para baixo e passe a cobertura no topo e nas laterais. Espalhe o chocolate granulado e posicione-o perto do bolo maior, para fazer a cabeça.

Para fazer os espinhos, corte os palitos de chocolate ao meio e enfie no corpo do porco-espinho, até cobri-lo por inteiro. Aplique os confeitos de chocolate na cabeça, para fazer os olhos e o nariz.

Este é um bolo muito fácil de fazer e montar e pode ser assado no dia da festa. Você só vai precisar de um cupcake, então, congele o restante para outra ocasião.

ovelha fofinha

1 receita de pão de ló básico de baunilha grande (p. 11)
1 receita de pão de ló básico de baunilha pequeno (p. 11)
1 receita de buttercream (p. 14)
600 g de minimarshmallows brancos
2 marshmallows cor-de-rosa
chocolate granulado
2 confeitos de chocolate redondos
pasta comestível preta para escrever

1 tigela de vidro que possa ir ao forno, com capacidade para 2 litros, untada e polvilhada
1 fôrma de muffin (com capacidade para 6) forrada com forminhas de papel
4 palitos de madeira

RENDE 8-10 PORÇÕES

Preaqueça o forno a 180°C.

Prepare as massas do pão de ló de baunilha (separadamente) e, com uma colher, despeje a grande na tigela já preparada e a pequena nas forminhas de papel. Asse em forno preaquecido, na prateleira do meio, até inserir um palito de madeira, e ele sair limpo – 1 hora para o bolo e 20–25 minutos para os cupcakes. Deixe os bolos nas fôrmas durante 10 minutos antes de virá-los sobre grelhas, para esfriar completamente.

Use uma faca comprida e serrilhada para nivelar a parte inferior do bolo.

Coloque o bolo com o lado reto para baixo no prato de servir e cubra com o buttercream, espalhando de maneira uniforme com o auxílio de uma espátula.

Tire a forminha de papel de um cupcake (e congele o restante). Cubra-o com buttercream, coloque sobre o bolo para fazer a cabeça da ovelha e prenda com um palito de madeira.

Cubra o corpo e a cabeça da ovelha com os minimarshmallows, deixando espaço para o rosto. Com cuidado, passe uma camada de buttercream em um marshmallow cor-de-rosa e coloque no rosto. Prenda com um palito de madeira.

Cubra o rosto e o focinho com o chocolate granulado e pressione para que fique preso.

Corte ao meio o marshmallow cor-de-rosa que sobrou, aperte as extremidades para fazer as orelhas e prenda nas laterais da cabeça com palitos de madeira.

Usando a pasta de escrever preta, faça a boca e o nariz e prenda dois confeitos de chocolate para fazer os olhos.

A quantidade de massa usada nesta receita é suficiente para fazer o corpo, a cabeça do cachorro e também 8 minicupcakes. Você só precisa de um cupcake para montar o bolo. Congele o restante para usar em outra ocasião.

cachorrinho

1 receita de pão de ló básico de baunilha grande (p. 11)
400 g de coco ralado
4 minirrocamboles simples
1 receita de buttercream (p. 14)
corante comestível vermelho
bolinhas prateadas coloridas
minigotas de chocolate
2 pastilhas de chocolate branco
pasta comestível preta para escrever
2 lâminas de chocolate

1 fôrma redonda e funda com capacidade para 1 litro, e 1 fôrma redonda e funda com capacidade para 275 ml, untadas e polvilhadas
1 fôrma de minicupcake (com capacidade para 12), forrada com miniforminhas de papel
palitos de madeira
saco de confeiteiro com bico em formato de estrela

RENDE 12 PORÇÕES

Preaqueça o forno a 180°C.

Prepare o pão de ló de baunilha e coloque com uma colher nas fôrmas preparadas até encher ⅔ delas. Use o restante da massa para preencher as forminhas de cupcake com mais ou menos 1½ a 2 colheres (chá) de massa por cupcake. Asse em forno preaquecido, na prateleira do meio, até inserir um palito de madeira e ele sair limpo – 10-15 minutos para os minicupcakes, 30 minutos para a fôrma menor e 40-45 minutos para a maior. Deixe os bolos esfriarem nas fôrmas durante 10 minutos antes de virá-los sobre grelhas, para esfriar mais rápido.

Coloque o coco ralado numa frigideira seca e toste até dourar de leve, virando sempre para não queimar. Deixe esfriar enquanto começa a montar o bolo.

Se necessário, use uma faca comprida e serrilhada para nivelar a parte superior dos bolos. Coloque o maior com a parte reta para baixo sobre um prato grande.

Posicione o bolo menor numa tábua com o lado cortado para baixo. Corte um pouco dos dois lados para fazer um formato de focinho. Disponha a cabeça em cima do corpo, um pouco para a frente, com o lado reto para baixo. Prenda com palitos de madeira.

Retire a forminha de papel de um minicupcake e prenda-o ao focinho com palitos de madeira. Arrume os minirrocamboles para fazer as pernas (2 em pé na frente e 2 deitados atrás).

Numa tigela pequena, reserve 3-4 colheres (sopa) de buttercream. Cubra o cachorro com o restante do creme, espalhando de maneira uniforme com o auxílio de uma espátula. Espalhe o coco ralado tostado sobre o buttercream e pressione de leve para grudar.

Tinja o buttercream reservado com o corante vermelho (p. 16) e coloque-o no saco de confeiteiro. Faça rosetas ao redor do pescoço do cachorro para desenhar a coleira e decore com bolinhas prateadas.

Use as minigotas de chocolate para fazer as unhas e as pastilhas de chocolate branco para fazer os olhos. Faça o nariz e a boca usando a pasta de escrever preta. Por fim, posicione as lâminas de chocolate no topo da cabeça, para fazer as orelhas.

Esta é a receita perfeita para quem está começando a fazer bolos decorados, porque você só usa duas fôrmas redondas e é fácil de montar e confeitar. Provavelmente vai agradar mais a uma criança menor. Você também pode usar corante marrom ou preto para fazer um gato malhado ou cinza em vez do gato laranja, ou então pode decorar o bolo com a cobertura de chocolate (p. 15).

gato laranja

1 receita de pão de ló básico de baunilha médio (p. 11)
1 receita de pão de ló básico de baunilha grande (p. 11)
1 receita de buttercream (p. 14)
corante comestível laranja
balas de goma verdes (ou similar)
1 doce de alcaçuz pequeno
1 doce de alcaçuz comprido
pasta comestível preta para escrever

2 fôrmas redondas de 18 cm e 23 cm, untadas e forradas com papel-manteiga untado

RENDE 12–14 PORÇÕES

Preaqueça o forno a 180°C.

Prepare as receitas de pão de ló de baunilha (separadamente) e, com uma colher, coloque a massa média na fôrma menor e, a grande, na fôrma maior. Asse em forno preaquecido, na prateleira do meio, até inserir um palito de madeira e ele sair limpo – cerca de 30 minutos para a fôrma menor e 35-40 minutos para a maior. Deixe os bolo nas fôrmas durante 10 minutos antes de virá-los sobre grelhas, para esfriar mais rápido.

Numa tigela pequena, reserve 4-5 colheres (sopa) de buttercream. Tinja o restante do creme com o corante comestível laranja (p. 17).

Usando uma faca longa e serrilhada, nivele a parte de cima dos bolos e deixe-os da mesma altura. Corte aproximadamente ⅓ da parte de cima do bolo maior em formato de folha (veja o diagrama na p. 20). Encaixe o bolo menor no espaço vazio.

Corte ao meio o bolo em formato de folha de modo a obter 2 triângulos. Posicione os triângulos no topo do bolo menor para fazer as orelhas.

Cubra o gato com o buttercream laranja, espalhando de maneira uniforme com o auxílio de uma espátula. Com cuidado, espalhe o buttercream sem cor reservado para fazer a barriga e a parte interna das orelhas.

Coloque as balas de goma no rosto do gato para fazer os olhos. Corte o doce de alcaçuz em fatias finas para fazer o nariz e arrume a tira do doce de alcaçuz comprido para fazer o rabo e a boca. Use a pasta de escrever preta para fazer os bigodes e as pupilas.

Procure uma ilustração de elefante para servir de molde para o bolo ou use a foto do livro. Faça uma fotocópia ampliada do mesmo tamanho do bolo e corte para usar como molde. Prepare o bolo com um dia de antecedência e decore só no dia da festa. Assim que estiver completamente frio, envolva-o em filme plástico e reserve na geladeira de um dia para o outro. Isso facilita o corte do formato do elefante. Decore a bandeja com lantejoulas e bijuterias indianas para completar o tema.

elefante indiano

1 receita de pão de ló básico de baunilha extragrande (p. 11)
1 receita de buttercream (p. 14)
corante comestível preto
corante comestível vermelho
pasta comestível preta para escrever
pasta comestível branca para escrever
pasta comestível vermelha para escrever
pasta comestível amarela para escrever
bolinhas comestíveis prateadas e coloridas
confeitos coloridos

1 fôrma de bolo de 33 cm x 23 cm x 6 cm, untada e forrada com papel-manteiga untado
saco de confeiteiro com bico em formato de estrela

RENDE 12 PORÇÕES

Preaqueça o forno a 180°C.

Faça o pão de ló de baunilha e coloque na fôrma já preparada. Asse em forno preaquecido, na prateleira do meio, por 40 minutos, ou teste com um palito de madeira e veja se ele sai limpo. Deixe o bolo na fôrma durante 10 minutos antes de virá-lo sobre uma grelha, para esfriar mais rápido. Depois, vire o bolo para o lado correto e deixe esfriar completamente. Se tiver tempo, antes de continuar, envolva o bolo frio em filme plástico e deixe na geladeira de um dia para o outro.

Quando for montar o bolo, desenhe o molde do elefante numa folha de papel, do tamanho desejado, coloque sobre o bolo assado e, com o auxílio de uma faca pequena e afiada, corte cuidadosamente ao redor do molde. Use os restos para colocar em um pavê, para a lancheira das crianças ou para beliscar.

Separe ¼ do buttercream. Tinja o restante de cinza com o corante comestível preto (p. 17). Cubra o elefante com o buttercream, espalhando de maneira uniforme com o auxílio de uma espátula.

Coloque 3-4 colheres (sopa) do buttercream que você havia separado numa tigela pequena e tinja de vermelho. Ponha o buttercream no saco de confeiteiro e faça rosetas, criando uma touca na cabeça do elefante.

Utilize o restante do buttercream sem cor para fazer um manto em formato de folha nas costas do elefante. Use as pastas de escrever em cores sortidas para fazer linhas decorativas nas pernas, na tromba e no pescoço, e também as franjas do manto. Use a pasta de escrever branca para colorir a presa de marfim. Decore o elefante com as bolinhas comestíveis prateadas e coloridas e use os confeitos para decorar a barra da sela.

meios de transporte

SAM

Se preferir, decore esse bolo com a cobertura de chocolate (p. 15) no lugar do buttercream preto. Procure imagens de bandeiras de navio pirata, cole-as em palitos de madeira e use como decoração.

navio pirata

1 receita de pão de ló básico de baunilha extragrande (p. 11)
1 receita de buttercream (p. 14)
corante comestível preto
barras de chocolate com formato de cerca
pasta comestível vermelha para escrever
pasta comestível amarela para escrever
confeitos de chocolate coloridos
doces de alcaçuz com estampa xadrez (ou similar)
25 g de chocolate meio amargo, picado grosseiramente

1 fôrma de bolo de 33 cm x 23 cm x 6 cm, untada e forrada com papel-manteiga untado
imagens de bandeiras de navio pirata em diversos tamanhos
3 ou 4 palitos de madeira
cola

RENDE 12–14 PORÇÕES

Preaqueça o forno a 180°C.

Faça o pão de ló de baunilha e coloque na fôrma já preparada. Asse em forno preaquecido, na prateleira do meio, por 45 minutos, ou teste com um palito de madeira e veja se ele sai limpo. Deixe o bolo na fôrma durante 10 minutos antes de virá-lo sobre uma grelha, para esfriar mais rápido. Depois, vire o bolo para o lado correto e deixe esfriar completamente.

Se necessário, use uma faca comprida e serrilhada para nivelar a parte superior do bolo.

Consulte as pp. 18-9 para instruções passo a passo sobre como cortar e montar o bolo. Entre as camadas, coloque um pouco de buttercream.

Tinja o restante do buttercream de preto com o corante comestível (p. 17) e use para cobrir o bolo todo, espalhando de maneira uniforme com o auxílio de uma espátula.

Meça o vão da lateral do navio e corte as barras de chocolate em treliça do mesmo tamanho. Para fazer as amuradas do navio, pressione as barras de chocolate de leve no bolo, para que grudem no buttercream.

Decore o navio pirata do jeito que quiser com as pastas comestíveis vermelha e amarela. Prenda os confeitos de chocolate na proa. Corte os doces de alcaçuz em fatias e grude nas laterais do navio para fazer as janelas.

Para fazer a prancha lateral, derreta o chocolate meio amargo em uma tigela refratária sobre uma panela de água fervente, em fogo baixo (não deixe a base da tigela tocar a água). Mexa até o chocolate derreter e ficar homogêneo. Espalhe o chocolate num formato mais ou menos retangular sobre um pedaço de papel-manteiga, deixe esfriar até endurecer (20-30 minutos) e depois, usando uma faca quente, corte em formato de prancha, com os lados retinhos. Insira com cuidado na lateral do navio.

Cole as bandeiras de pirata nos dois lados dos palitos e enfie no bolo.

Bella

Esta é uma opção de carro rosa no estilo anos 1950, mas se a criança tiver um carro favorito de algum livro de história, use a imagem como molde e tinja o buttercream na cor desejada.

carro antigo

1 receita de pão de ló básico de baunilha extragrande (p. 11)
1 receita de buttercream (p. 14)
corante comestível rosa
doce de alcaçuz vermelho em tiras (ou similar)
pasta comestível preta para escrever
pasta comestível prateada para escrever
pasta comestível vermelha para escrever
pastilhas de chocolate branco com pontos coloridos (ou similar)
bolinhas prateadas coloridas
docinho rosa em formato de tubo

fôrma de bolo de 33 cm x 23 cm x 6 cm, untada e forrada com papel-manteiga untado

RENDE 12 PORÇÕES

Preaqueça o forno a 180°C.

Faça o pão de ló de baunilha e coloque na fôrma já preparada. Asse em forno preaquecido, na prateleira do meio, por 45 minutos, ou teste com um palito de madeira e veja se ele sai limpo. Deixe o bolo na fôrma durante 10 minutos antes de virá-lo sobre uma grelha, para esfriar mais rápido. Depois, vire o bolo para o lado correto e deixe esfriar completamente.

Se necessário, nivele a parte de cima do bolo com uma faca afiada. Corte o molde de papel no formato do carro, coloque em cima do bolo e, usando uma faca pequena e afiada, corte ao redor do molde. Use os restos para colocar em um pavê, para a lancheira das crianças ou para beliscar mais tarde.

Numa tigela pequena, reserve 2-3 colheres (sopa) de buttercream. Tinja o restante do buttercream com o corante comestível rosa (p. 17) e use para cobrir o bolo todo, espalhando de maneira uniforme com o auxílio de uma espátula.

Posicione a tira de alcaçuz vermelha ao longo do carro e pressione, tirando os excessos com uma faca afiada. Use as pastas comestíveis preta e prateada para fazer os contornos das portas, janelas e rodas.

Use o buttercream que havia sido reservado para colorir as rodas e depois use as pastilhas de chocolate e as bolinhas prateadas para fazer as calotas.

Use a pasta de escrever vermelha para delinear o carro e também a tira de alcaçuz. Para fazer as maçanetas e os faróis, use as bolinhas prateadas. Escreva o nome da criança no carro com pasta de escrever. Enfie o docinho rosa em formato de tubo na parte traseira do carro para fazer o escapamento.

Você pode decorar este balão usando apenas uma ou duas cores ou então soltar a imaginação e colorir como quiser.

balão de ar quente

1 receita de pão de ló básico de baunilha extragrande (p. 11)
1 receita de buttercream (p. 14)
corante comestível marrom
corante comestível vermelho
corante comestível verde
corante comestível azul
corante comestível amarelo
corante comestível roxo
pasta comestível preta para escrever
8 palitos finos de chocolate, com cerca de 5 cm de comprimento

1 fôrma de bolo de 33 cm x 23 cm x 6 cm, untada e forrada com papel-manteiga untado

RENDE 12 PORÇÕES

Faça o pão de ló de baunilha e coloque na fôrma já preparada. Asse em forno preaquecido, na prateleira do meio, por 45 minutos, ou teste com um palito de madeira e veja se ele sai limpo. Deixe o bolo na fôrma durante 10 minutos antes de virá-lo sobre uma grelha, para ajudar a esfriar. Depois, vire o bolo para o lado correto e deixe esfriar completamente.

Coloque 3-4 colheres (sopa) de buttercream numa tigela e tinja de marrom com o corante comestível (p. 17). Divida o buttercream restante entre as 5 tigelas e tinja o creme de cada uma com uma cor diferente.

Veja o diagrama na p. 21 para desenhar um balão semelhante num pedaço de papel. Faça o balão no tamanho desejado, desde que caiba no bolo já assado. Corte o molde, coloque sobre o bolo e depois corte ao redor com uma faca afiada. Depois do corte, você terá dois cantos utilizáveis do bolo – corte-os em triângulos iguais (veja o diagrama) e grude-os com um pouco de buttercream para criar o formato quadrado do cesto do balão.

Posicione o balão num prato grande e espalhe os buttercreams coloridos em listras sobre o balão, usando uma faca estreita. Faça linhas entre as listras com a pasta de escrever preta. Cubra a parte de baixo do balão com buttercream marrom. Enfie os palitos finos de chocolate na parte de baixo do balão.

Coloque o cesto embaixo do balão e cubra com o buttercream marrom, fazendo um efeito de ondas com o auxílio de um garfo. Pressione-o com cuidado contra os palitinhos de chocolate.

Se escolher este bolo para a festa, você pode completar o tema colocando animais de fazenda de plástico em volta do trator.

trator verde

- 1 receita de pão de ló básico de baunilha extragrande (p. 11)
- 1 receita de pão de ló básico de baunilha pequeno (p. 11)
- 1 receita de buttercream (p. 14)
- corante comestível verde
- corante comestível preto
- 4 colheres (sopa) de geleia de damasco ou framboesa
- 4 docinhos de fruta amarelos e redondos
- doce de alcaçuz trançado (ou similar)
- pasta comestível preta para escrever
- pasta comestível amarela para escrever
- 4 confeitos de chocolate amarelos
- confeitos de chocolate pequenos para espalhar

- *1 fôrma de bolo de 33 cm x 23 cm x 6 cm, untada e forrada com papel-manteiga untado*
- *1 fôrma para muffins (com capacidade para 6), com 4 forminhas de papel e 2 forminhas de papel para minicupcake*
- *saco de confeiteiro com bico em formato de estrela*

RENDE 12–14 PORÇÕES

Preaqueça o forno a 180°C.

Faça as misturas de pão de ló de baunilha (separadamente) e despeje a extragrande na fôrma de bolo já preparada e a pequena nas forminhas de papel. Asse na prateleira do meio, até que um palito de madeira saia limpo – 45 minutos para o bolo e 20-25 para os cupcakes. Deixe nas fôrmas durante 10 minutos antes de virá-los sobre grelhas. Depois, vire-os para o lado correto e espere esfriar completamente.

Se necessário, nivele a parte de cima do bolo com uma faca afiada. Consulte o diagrama na p. 21. Com uma faca longa e serrilhada, corte o bolo ao meio de modo a obter 2 retângulos menores de mais ou menos 33 cm x 11 cm. Coloque os 2 pedaços um em cima do outro e corte um quadrado de uma das extremidades (dos dois pedaços) que meça aproximadamente 11 cm x 11 cm.

Numa tigela pequena, reserve ¼ do buttercream. Tinja o restante de verde com o corante comestível (p. 17).

Coloque um dos retângulos grandes sobre o prato de servir e espalhe 2 colheres (sopa) de geleia por cima. Ponha o segundo triângulo sobre ele. Faça um sanduíche com os 2 quadrados pequenos usando outra colher (sopa) de geleia e posicione numa das extremidades do bolo maior, prendendo com o resto da geleia. Com uma faca comprida e serrilhada, retire um pedaço da área do para--brisa do trator para que ele fique um pouco inclinado.

Cubra o bolo com buttercream verde, espalhando de maneira uniforme com uma espátula.

Tinja o buttercream separado de preto. Cuidadosamente, espalhe um pouco nas laterais e na frente para fazer as janelas e o para-brisa.

Retire as forminhas de papel dos cupcakes. Corte a parte de cima dos cupcakes para deixá-los retos e coloque os minicupcakes na frente e os de tamanho regular atrás. Ponha o restante do buttercream preto no saco de confeiteiro e faça linhas nas rodas, de fora para dentro. Coloque um docinho amarelo no meio para fazer a calota. Posicione o docinho de alcaçuz no capô, para fazer o escapamento. Use as pastas de escrever para decorar o trator. Para os faróis, use os confeitos de chocolate amarelos.

Espalhe os confeitos de chocolate pequenos ao redor do trator para fazer a lama.

Estas pequenas locomotivas podem levar um bom tempo para ficar prontas. A não ser que você tenha bastante tempo e paciência, é melhor reservar esta receita para uma festa com no máximo dez convidados. Faça o bolo no dia anterior à montagem. Assim que esfriar, guarde na geladeira de um dia para o outro, embalado em filme plástico. Isso facilita o corte, a montagem e a decoração.

locomotiva

1 receita de pão de ló básico de baunilha grande (p. 11)
aproximadamente 10 colheres (sopa) de geleia de damasco ou framboesa
10 minirrocamboles simples de padaria
1 receita de buttercream (p. 14)
corante comestível vermelho
corante comestível verde
corante comestível azul
pasta comestível preta para escrever
confeitos de chocolate coloridos
docinhos em formato de roda e de tubo

1 fôrma de bolo de 33 cm x 23 cm x 6 cm, untada e forrada com papel-manteiga untado

RENDE 10 PORÇÕES

Preaqueça o forno a 180°C.

Faça o pão de ló de baunilha e coloque na fôrma já preparada. Asse em forno preaquecido, na prateleira do meio, por 25-30 minutos, ou teste com um palito de madeira e veja se ele sai limpo. Deixe o bolo na fôrma durante 10 minutos antes de virá-lo sobre uma grelha, para esfriar mais rápido. Depois, vire o bolo para o lado correto e deixe esfriar completamente.

Se necessário, use uma faca comprida e afiada para nivelar a parte de cima do bolo e as laterais, para deixar todos os lados retos.

Coloque o bolo sobre uma tábua e corte em faixas no sentido do comprimento, lado menor (veja os diagramas na p. 21). Cada faixa deve ter 4 cm de largura para que você obtenha 7 faixas de bolo. Depois, corte cada faixa em 3 retângulos. Com isso, você terá 21 retângulos, cada um medindo 7cm x 4cm.

Leve um dos retângulos à superfície de trabalho e espalhe uma colher (sopa) de geleia por cima e sobre uma das laterais. Posicione outro retângulo em pé junto à lateral com geleia e pressione. Coloque um minirrocambole sobre o retângulo, por cima da geleia, para fazer o motor. Repita o processo com os outros pedaços de bolo, de modo a fazer 10 locomotivas. Você terá 1 retângulo sobrando para beliscar.

Divida o buttercream entre 3 tigelas e tinja o creme de cada uma com cores diferentes (p. 17). Cubra cada locomotiva com uma cor diferente de buttercream, espalhando de maneira uniforme com uma pequena espátula. Use a pasta comestível de escrever para decorar os trens, desenhar as janelas e escrever o nome de cada criança no motor.

Grude os confeitos de chocolate e os docinhos em formato de roda nas laterais para fazer as luzes e rodas. Enfie o docinho em formato de tubo no motor, para fazer a chaminé.

SAM
JACK
BILLY

4

Este bolo pode ser assado com um dia de antecedência e decorado no dia da festa. Mas, para que a escada fique na posição correta, reserve-a no congelador e coloque só antes de servir.

carro de bombeiro

- 1 receita de pão de ló básico de baunilha extragrande (p. 11)
- 1 receita de buttercream (p. 14)
- corante comestível vermelho
- 3 colheres (sopa) de geleia de damasco ou framboesa
- rodinhas de alcaçuz
- docinhos de alcaçuz redondos e quadrados
- pasta comestível preta para escrever
- pasta comestível amarela para escrever
- confeitos de chocolate coloridos
- corante comestível azul
- corante comestível amarelo
- 100 g de fondant já pronto ou pasta americana
- 1 barra de chocolate congelada em formato de treliça (ou similar)

1 fôrma de bolo de 33 cm x 23 cm x 6 cm, untada e forrada com papel-manteiga untado

saco de confeiteiro com bico simples de tamanho pequeno

RENDE 12–14 PORÇÕES

Preaqueça o forno a 180°C.

Faça o pão de ló de baunilha e coloque na fôrma já preparada. Asse na prateleira do meio, por 45 minutos, ou teste com um palito de madeira e veja se ele sai limpo. Deixe o bolo na fôrma durante 10 minutos antes de virá-lo sobre uma grelha. Depois, vire o bolo para o lado correto e deixe esfriar completamente.

Se necessário, use uma faca comprida e afiada para nivelar a parte de cima do bolo e as laterais.

Usando uma faca comprida e serrilhada, corte o bolo ao meio para obter 2 retângulos menores de aproximadamente 33 cm x 11 cm (veja o diagrama na p. 20). Coloque os dois pedaços um em cima do outro e corte um retângulo de uma das extremidades (usando os dois pedaços) que meça mais ou menos 9 cm x 11 cm. Você só precisará de um retângulo pequeno, então pode guardar o outro para beliscar ou colocar na lancheira das crianças.

Numa tigela pequena, reserve 2 colheres (sopa) de buttercream. Tinja o restante com um tom de vermelho intenso, usando o corante comestível (p. 17).

Coloque um dos retângulos grandes sobre o prato de servir e espalhe por cima 2 colheres (sopa) de geleia. Posicione o segundo retângulo grande sobre ele. Espalhe uma colher (sopa) de geleia sobre o retângulo menor e posicione em uma das extremidades do bolo grande.

Cubra o bolo com o restante do buttercream vermelho, espalhando de maneira uniforme com uma espátula. Cole 2 rodinhas de alcaçuz de cada lado do bolo e use os outros docinhos de alcaçuz para fazer a plataforma da escada e as luzes da sirene no topo da cabine. Use as pastas de escrever preta e amarela para desenhar as janelas. Ponha os confeitos de chocolate na frente para fazer os faróis.

Tinja com o corante azul (p. 17) o buttercream que havia sido separado e coloque-o no saco de confeiteiro. Faça linhas ao redor das rodas e na frente da cabine.

Numa superfície levemente polvilhada com açúcar de confeiteiro, amasse o fondant até ficar maleável. Adicione corante comestível amarelo e enrole entre as mãos para fazer a mangueira. Coloque-a da parte de trás do caminhão indo até a dianteira, deixando-a enrolada na extremidade. Enfie a barra de chocolate em treliça na parte de cima do bolo antes de servir.

Você pode usar tanto a cobertura de merengue (p. 15) quanto o buttercream (p. 14) para este foguete, mas como a cobertura de merengue é branca, o resultado final é mais bonito. Use velas do tipo estrela de prata para dar o efeito de decolagem do foguete!

foguete espacial

1 receita de pão de ló básico de baunilha extragrande (p. 11)
1 receita de cobertura de merengue (p. 15)
pasta comestível vermelha para escrever
confeitos de chocolate coloridos vermelhos e azuis
bolinhas prateadas comestíveis
doces em formato de disco voador
flocos de arroz de várias cores

1 fôrma de bolo de 33 cm x 23 cm x 6 cm, untada e forrada com papel-manteiga untado
velas prateadas

RENDE 12–14 PORÇÕES

Preaqueça o forno a 180°C.

Faça o pão de ló de baunilha e coloque na fôrma já preparada. Asse em forno preaquecido, na prateleira do meio, por 45 minutos, ou teste com um palito de madeira e veja se ele sai limpo. Deixe o bolo na fôrma durante 10 minutos antes de virá-lo sobre uma grelha, para ajudar a esfriar. Depois, vire o bolo para o lado correto e deixe esfriar completamente.

Se necessário, nivele a parte de cima do bolo com uma faca afiada. Coloque-o sobre um prato de servir grande.

Veja o diagrama na p. 21 para desenhar um foguete semelhante num pedaço de papel. Faça o balão no tamanho desejado, desde que caiba no bolo já assado. Corte o molde e coloque em cima do bolo, e depois corte em volta com uma faca afiada. Você terá 2 cantos bons do bolo para usar como turbinas – coloque-os na base, de cabeça para baixo, de cada lado do foguete.

Rapidamente, espalhe a cobertura de merengue em cima e nas laterais do foguete, de maneira uniforme, com o auxílio de uma espátula. Use um pouco da cobertura para grudar as turbinas no lugar.

Use a pasta de escrever vermelha para decorar o foguete e, se desejar, escreva o nome da criança na lateral, de cima para baixo. Decore com os confeitos de chocolate e as bolinhas prateadas. Deixe descansar durante 30 minutos para que o merengue endureça um pouco.

Enfie as velas na base do foguete. Espalhe ao redor do bolo docinhos em formato de disco voador e, para os pequenos asteroides, os flocos de arroz.

Acenda as velas com cuidado e sirva.

TIM

fantasia

Para o carrossel, foi usada uma cavilha de madeira coberta com fitas, mas você pode usar um doce cilíndrico comprido, como palitos de puxa-puxa. Para o suporte da parte de cima do carrossel, use um tubo de papelão de rolo de filme plástico (ou similar) e um tabuleiro para bolo coberto com papel-alumínio, com pouco mais de 20 cm de diâmetro.

carrossel mágico

1 receita de pão de ló básico de baunilha extragrande (p. 11)
1 receita de glacê (p. 15)
1 receita de biscoitos de gengibre (p. 12) ou amanteigados (p. 13), assados em formato de cavalo
pasta comestível cintilante para escrever
pasta comestível preta para escrever
1 receita de buttercream (p. 14)
corante comestível rosa
corante comestível lilás
bolinhas metálicas comestíveis
1 miniovo de chocolate confeitado
florzinhas de açúcar

2 fôrmas redondas de fundo removível, de 23 cm e 20 cm de diâmetro, untadas e forradas com papel-manteiga untado
fitas diversas
6 tarugos de madeira de 20 cm de comprimento
1 tubo de papelão com 20 cm de comprimento
2 sacos de confeiteiro com bicos em formato de estrela
1 tabuleiro para bolo coberto com papel-alumínio

RENDE 12–14 PORÇÕES

Preaqueça o forno a 180°C.

Faça o pão de ló de baunilha e divida entre as fôrmas já preparadas. Asse em forno preaquecido, na prateleira do meio, até inserir um palito de madeira e ele sair limpo – cerca de 30-35 minutos para a fôrma menor e 40 minutos para a maior. Deixe os bolos nas fôrmas durante 10 minutos antes de virá-los sobre grelhas, para esfriar mais rápido.

Enquanto isso, espalhe o glacê com o dorso de uma colher sobre os biscoitos em formato de cavalo. Deixe descansar pelo menos por 2 horas. Use a pasta de escrever cintilante para decorar os cavalos e a preta para desenhar as rédeas e os olhos. Deixe secar por mais uma hora.

Cubra cada um dos tarugos e o tubo de papelão com fita, prendendo as extremidades com fita adesiva.

Quando for montar o carrossel, coloque o bolo maior num prato de servir. Se necessário, use uma faca comprida e serrilhada para nivelar a parte superior do bolo. Espalhe um pouco menos da metade do buttercream sobre a parte de cima e as laterais do bolo de maneira uniforme, com o auxílio de uma espátula.

Divida o restante do buttercream entre 2 tigelas e tinja de rosa e azul com os corantes comestíveis (p. 17). Coloque nos sacos de confeiteiro o buttercream. Ponha o segundo bolo num tabuleiro coberto com papel-alumínio que seja um pouco maior que o bolo.

Faça rosetas com o buttercream, em diferentes áreas coloridas, na parte de cima e nas laterais do bolo, e espalhe bolinhas comestíveis sortidas. Use mais pasta de escrever cintilante para fazer linhas entre as áreas coloridas. Coloque um pequeno ovo de chocolate confeitado no centro.

Decore as laterais da base do bolo com as florzinhas de açúcar e termine fazendo pequenas rosetas na base e decorando com mais bolinhas metálicas.

Enfie o tubo de papelão coberto de fita no meio da base do bolo até alcançar o prato. Disponha os tarugos de madeira perto da beirada do bolo, em intervalos iguais, empurrando até o fundo. Apoie um cavalo decorado em cada um dos tarugos.

Antes de servir, coloque, com bastante cuidado, o bolo de cima sobre os tarugos. Sirva imediatamente.

O bolo perfeito para uma festa com tema de bruxas e magos. Tente achar uma vela do tipo mágica, que volta a acender, para completar a atmosfera.

livro de feitiços

1 receita de pão de ló básico de chocolate extragrande (p. 11)
1 receita de pão de ló básico de baunilha médio (p. 11)
1 receita da cobertura de chocolate (p. 15)
½ receita de buttercream (p. 14)
pasta comestível preta para escrever
pasta comestível prateada para escrever
bolinhas prateadas coloridas
granulado laranja e purpurina comestível
confeitos variados com tema de Dia das Bruxas

1 fôrma de bolo de 33 cm x 23 cm x 6 cm, untada e forrada com papel-manteiga untado
saco de confeiteiro com bico em formato de estrela
saco de confeiteiro com bico simples de tamanho pequeno

RENDE 20 PORÇÕES

Preaqueça o forno a 180°C.

Faça o pão de ló de chocolate e despeje na fôrma já preparada. Asse em forno preaquecido, na prateleira do meio, por 45 minutos, ou teste com um palito de madeira e veja se ele sai limpo. Mantenha o forno aceso. O bolo deve ficar na fôrma durante 10 minutos, antes de ser levado a uma grelha, para esfriar mais rápido. Depois, vire o bolo para o lado correto e espere esfriar completamente.

Limpe a fôrma, unte e forre novamente. Coloque a massa do pão de ló de baunilha e asse na prateleira do meio, em forno preaquecido, por 30 minutos, ou teste com um palito de madeira e veja se ele sai limpo. Deixe o bolo na fôrma durante 10 minutos antes de virá-lo sobre uma grelha, para esfriar mais rápido. Depois, vire-o para o lado correto e deixe esfriar completamente.

Se necessário, use uma faca comprida e serrilhada para nivelar a parte superior do bolo de chocolate. Divida-o ao meio fazendo um corte horizontal, obtendo dois bolos de tamanhos iguais. Coloque uma das camadas sobre o prato de servir e espalhe sobre a superfície cortada 4-5 colheres (sopa) da cobertura de chocolate. Coloque em cima o bolo de baunilha, espalhe mais 4-5 colheres (sopa) de buttercream e cubra com a segunda camada do bolo de chocolate. Passe a cobertura de chocolate na parte de cima e em uma das laterais maiores do bolo (a lombada do livro), espalhando de maneira uniforme com o auxílio de uma espátula.

Coloque o restante do buttercream no saco de confeiteiro com bico em formato de estrela e faça "páginas" nos outros 3 lados do livro, deixando uma borda estreita em cima e embaixo. Você também pode espalhar o buttercream com uma espátula e passar os dentes de um garfo para criar o efeito das páginas.

Ponha o restante da cobertura de chocolate no segundo saco de confeiteiro e faça a beirada em cima e embaixo das páginas, preenchendo a borda que você havia feito antes.

Usando a pasta comestível preta, faça aranhas e teias de aranha na capa. Desenhe um chapéu de bruxa e decore com a pasta para escrever prateada, bolinhas prateadas comestíveis e granulado laranja.

Espalhe purpurina comestível laranja sobre o livro e, ao redor dele, sobre a tábua do bolo, os confeitos com o tema do Dia das Bruxas.

Você pode preparar os cupcakes e os cones cobertos de chocolate para fazer estes chapéus com antecedência e montar só no dia da festa. Tente encontrar docinhos variados com tema de Dia das Bruxas para encher os cones.

chapéus de bruxa

1 receita de pão de ló básico de chocolate grande (p. 11)
300 g de chocolate meio amargo, picado grosseiramente
18-20 casquinhas de sorvete
bolinhas prateadas comestíveis
1 medida da cobertura de chocolate (p. 15)
granulados sortidos
docinhos sortidos

2 bandejas de muffin (com capacidade para 12), com 18-20 forminhas prateadas ou douradas

RENDE 18–20 PORÇÕES

Preaqueça o forno a 180°C.

Faça a massa básica do pão de ló de chocolate e divida entre as forminhas. Asse em forno preaquecido, na prateleira do meio, por 20-25 minutos, ou teste com um palito de madeira e veja se ele sai limpo. Deixe esfriar nas fôrmas durante 10 minutos e depois transfira para uma grelha para esfriar por completo.

Coloque o chocolate meio amargo numa tigela refratária sobre uma panela de água fervente, em fogo baixo (não deixe a base da tigela tocar a água). Mexa até derreter e ficar homogêneo e tire do fogo.

Segure uma casquinha de sorvete sobre a tigela de chocolate e vá derramando o chocolate derretido com uma colher até cobrir a casquinha por inteiro, deixando o excesso pingar na tigela. Espalhe bolinhas comestíveis prateadas por cima e coloque os chapeus em pé numa bandeja. Deixe descansar até endurecer.

Cubra a parte de cima de cada cupcake com um redemoinho de cobertura de chocolate e espalhe granulados sortidos. Encha as casquinhas de sorvete com docinhos e grude uma em cada cupcake.

Para um melhor resultado, faça as partes do bolo no dia anterior à festa. Elas podem ser decoradas no mesmo dia, e a montagem final pode ser feita cerca de uma hora antes de servir. Encha o baú com os docinhos de sua preferência.

tesouro do pirata

1 receita de pão de ló básico de baunilha extragrande (p. 11)
1 receita de pão de ló básico, de chocolate ou baunilha pequeno (p. 11)
1 receita de cobertura de chocolate (p. 15)
confeitos de chocolate coloridos
doce de alcaçuz vermelho em tiras (ou similar)
moedas de chocolate prateadas e douradas
docinhos sortidos em formato de joias (opcional)

1 fôrma de bolo de 24 cm x 12 cm, untada e forrada com papel-manteiga untado
1 pedaço de papelão rígido, cortado em tamanho um pouco maior que a base da fôrma
palitos de madeira

RENDE 10–12 PORÇÕES

Preaqueça o forno a 180°C.

Faça o pão de ló extragrande e coloque com uma colher na fôrma já preparada. Asse em forno preaquecido, na prateleira do meio, por cerca de 1 hora, ou teste com um palito de madeira e veja se ele sai limpo. Mantenha o forno aceso. Deixe o bolo na fôrma durante 10 minutos antes de virá-lo sobre uma grelha. Depois, vire-o para o lado correto e espere esfriar completamente.

Limpe a fôrma, unte e forre novamente. Coloque a massa do pão de ló pequeno (para fazer a tampa do baú) e asse em forno preaquecido, na prateleira do meio, por 20-25 minutos, ou teste com um palito de madeira e veja se ele sai limpo. Deixe o bolo na fôrma durante 10 minutos antes de virá-lo sobre uma grelha. Depois, vire o bolo para o lado correto e espere esfriar completamente.

Quando for montar, coloque o bolo maior no meio de um prato ou tabuleiro grande. Se necessário, use uma faca comprida e serrilhada para nivelar a parte superior do bolo. Espalhe ⅔ da cobertura de chocolate sobre todo o bolo usando uma espátula. Passe a espátula de modo a criar um efeito de textura de madeira.

Cubra o papelão com papel-alumínio. Espalhe um pouco da cobertura em um dos lados e grude a "tampa" do baú. Use o restante da cobertura no bolo da tampa. Decore as duas partes do baú com confeitos de chocolate coloridos e tirinhas de alcaçuz vermelhas.

Posicione a tampa sobre o baú de modo que fique entreaberta, apoiando e prendendo com palitos de madeira. Encha o baú com as moedas de chocolate e os docinhos em formato de joias. Os docinhos também servem de apoio para a tampa.

Solte a sua fada interior com os tons de rosa deste bolo! Se não quiser fazer a fada, você também pode colocar uma fadinha ou princesa de brinquedo no topo do bolo.

bolo da fadinha

- 1 receita de pão de ló básico de baunilha médio (p. 11)
- 1 receita de pão de ló básico de baunilha grande (p. 11)
- 1½ receita de buttercream (p. 14)
- 6 colheres (sopa) de geleia de framboesa
- bolinhas comestíveis prateadas e brancas
- granulados diversos
- 1 pastilha de chocolate branco com pontos coloridos

PARA A FADINHA

- 150-200 g de pasta americana
- corante comestível rosa
- corante comestível lilás
- corante comestível amarelo
- pasta comestível preta para escrever
- pasta comestível rosa cintilante para escrever
- *2 fôrmas redondas de fundo removível, de 23 cm e 20 cm, untadas e forradas com papel-manteiga untado*
- *palitos de madeira*
- *3 sacos de confeiteiro com bicos em formato de estrela*

RENDE 16 PORÇÕES

Para fazer a fada do topo do bolo: numa superfície levemente polvilhada com açúcar de confeiteiro, amasse a pasta americana até ficar maleável. Divida em pedaços para corpo, cabeça, braços, pernas, asas, cabelos e varinha de condão. Tinja a parte do corpo com o corante rosa (p. 16). Tinja de lilás um pouco mais de pasta americana, enrole para fazer listrinhas e pressione-as sobre o corpo. Enrole a pasta e faça dois braços e duas pernas, um cilindro para fazer a varinha e uma esfera para fazer a cabeça.

Tinja um pedaço de pasta americana de amarelo e divida ao meio. Use um pedaço para fazer a estrela da varinha de condão e grude no cilindro branco. Corte o segundo pedaço em tiras bem pequenas para fazer o cabelo. Passe uma gotinha de água fria no topo da cabeça e grude o cabelo. Use as pastas comestíveis preta e rosa para desenhar o rosto da fada e decorar o vestido e as asas. Deixe-a secando sobre papel-manteiga durante algumas horas.

Antes de fazer o bolo, preaqueça o forno a 180°C.

Faça as receitas de pão de ló (separadamente) e, com uma colher, coloque a massa média na fôrma menor e a grande na fôrma maior. Asse em forno preaquecido, na prateleira do meio, até inserir um palito de madeira e ele sair limpo – cerca de 30-35 minutos para a fôrma menor e 40 minutos para a maior. Deixe os bolos nas fôrmas durante 10 minutos antes de virá-los sobre grelhas, para esfriar mais rápido.

Enquanto isso, use palitos de madeira para prender as partes do corpo da fada. Lembre-se de retirar os palitos antes de deixar as crianças mexerem nela.

Divida o buttercream em 3 tigelas. Tinja o creme de uma de rosa, de outra de lilás e deixe a última sem tingir. Ponha uma cor diferente de buttercream em cada saco de confeiteiro.

Se necessário, use uma faca comprida e serrilhada para nivelar a parte superior dos bolos. Corte cada um ao meio, fazendo um corte horizontal, e grude-os com algumas colheres (sopa) de geleia de framboesa. Coloque o bolo maior no meio de um prato grande e cubra com o restante da geleia; por cima, coloque o bolo menor. Faça rosetas na parte superior e nas laterais dos dois bolos, usando cores alternadas. Espalhe as bolinhas coloridas e os granulados sortidos.

Posicione a fada no meio do bolo, em cima da pastilha de chocolate, logo antes de servir.

A receita de biscoitos de gengibre ou amanteigados rende mais coroas do que o necessário para decorar o bolo, mas você também pode servir as outras – assim, cada criança terá seu próprio biscoito.

coroa de princesa

1 receita do pão de ló básico de baunilha extragrande (p. 11)
1 receita de glacê (p. 15)
1 receita de biscoitos de gengibre (p. 12) ou amanteigados (p. 13), moldados em formato de coroa
pastas comestíveis para escrever, de diversas cores
bolinhas prateadas comestíveis
1 receita de buttercream (p. 14)
purpurina comestível vermelha
1 pastilha de chocolate branco com pontos coloridos (ou similar)

2 fôrmas redondas de fundo removível de 20 cm, untadas e forradas com papel-manteiga untado
fita para decorar (opcional)

RENDE 10–12 PORÇÕES

Preaqueça o forno a 180°C.

Faça o pão de ló de baunilha e divida entre as fôrmas já preparadas. Asse em forno preaquecido, na prateleira do meio, durante 35-40 minutos, ou teste com um palito de madeira e veja se ele sai limpo. Deixe os bolos nas fôrmas durante 10 minutos antes de virá-los sobre grelhas, para esfriar mais rápido.

Enquanto isso, espalhe o glacê com o dorso de uma colher sobre os biscoitos em formato de coroa. Deixe descansar pelo menos por 2 horas. Use as pastas para escrever para delinear as coroas e fazer pontinhos de diversas cores. Grude bolinhas prateadas sobre a pasta de escrever. Deixe secar por mais uma hora.

Quando for montar o bolo, use uma faca comprida e serrilhada para nivelar a parte de cima de um deles. Coloque-o sobre o prato de servir e espalhe 3 colheres (sopa) cheias de buttercream por cima. Ponha o segundo bolo, com o lado arredondado para cima.

Cubra com o resto do buttercream a parte de cima e as laterais do bolo, de maneira uniforme, com o auxílio de uma espátula.

Espalhe a purpurina vermelha na parte de cima do bolo. Grude a pastilha de chocolate com pontinhos coloridos no meio do bolo. Se desejar, amarre um laço de fita na base da coroa e depois grude os biscoitos em formato de coroa nas laterais do bolo.

Para este castelo, você vai precisar de três bolos assados na mesma fôrma quadrada. Dois vão compor as camadas da base, e o terceiro é usado para as torres. Você pode usar tanto a cobertura de merengue (p. 15) quanto a de buttercream (p. 14) para cobrir o castelo. O da foto é de conto de fadas, mas, se você trocar a cobertura branca pela de chocolate (p. 15), terá uma fortaleza. Use barras de chocolate para fazer a ponte e chocolate meio amargo para cobrir as casquinhas de sorvete.

castelo de conto de fadas

3 receitas de pão de ló básico de baunilha grande (p. 11)
6-8 colheres (sopa) de geleia de framboesa
1½ receita de cobertura de merengue (p. 15) ou buttercream (p. 14)
bolinhas comestíveis prateadas e cor-de-rosa
docinhos em formato de losango
minimarshmallows, nas cores branca e rosa
doce de alcaçuz vermelho em tiras (ou similar)
150 g de chocolate branco picado grosseiramente
5 casquinhas de sorvete
granulados diversos

1 fôrma de bolo quadrada de 20 cm, untada e forrada com papel-manteiga untado

RENDE 20 PORÇÕES

Preaqueça o forno a 180°C.

Faça uma receita de pão de ló grande e coloque na fôrma já preparada.

Asse em forno preaquecido, na prateleira do meio, por cerca de 35 minutos, ou teste com um palito de madeira e veja se ele sai limpo. Mantenha o forno aceso. Deixe o bolo na fôrma durante 10 minutos antes de virá-lo sobre uma grelha, para esfriar mais rápido. Depois, vire o bolo para o lado correto e espere esfriar completamente. Limpe a fôrma, unte e forre novamente. Repita o processo duas vezes com as medidas de bolo restantes.

Se necessário, use uma faca comprida e serrilhada para nivelar a parte superior dos bolos. Coloque um deles sobre a bandeja, espalhe 2 colheres (sopa) de geleia e ponha o segundo bolo por cima.

Consulte o diagrama na p. 21. No terceiro bolo, corte formas circulares de 2 cm x 8 cm (se necessário, use um copo virado para baixo) e retangulares de 4 cm x 5 cm. Coloque cada retângulo em um canto do castelo e prenda com um pouquinho de geleia. Faça um sanduíche com as partes redondas e um pouco de geleia e coloque no meio do castelo.

Trabalhando rapidamente, cubra o castelo com o merengue ou buttercream, espalhando de maneira uniforme com o auxílio de uma espátula. Decore com as bolinhas prateadas, os docinhos em formato de losango e os minimarshmallows. Corte as tirinhas de alcaçuz para fazer a porta e grude na cobertura.

Derreta o chocolate branco numa tigela refratária sobre uma panela de água fervente, em fogo baixo (não deixe a base da tigela tocar a água). Mexa até o chocolate derreter e ficar homogêneo e tire do fogo. Segure uma casquinha de sorvete sobre a tigela de chocolate e, com uma colher, cubra a casquinha por inteiro com o chocolate, deixando o excesso pingar na tigela. Espalhe os granulados por cima, coloque as casquinhas de cabeça para baixo numa bandeja e deixe descansar até endurecer. Ponha uma casquinha em cada canto do castelo e uma no meio.

Você pode decorar as duas partes do cogumelo com antecedência e montar antes de servir.

cogumelo-casinha de gnomo

1 receita de pão de ló básico de baunilha extragrande (p. 11)
1 receita de buttercream (p. 14)
corante comestível vermelho
pastilhas de chocolate branco com pontos coloridos (ou similar)
doce de alcaçuz vermelho em tiras (ou similar)
pasta comestível vermelha para escrever
docinhos e granulados sortidos

2 tigelas de vidro redondas, que possam ir ao forno, uma com capacidade para 1,3 litros e outra para 1 litro, untadas e polvilhadas
tabuleiro de bolo fino com 15 cm de diâmetro

RENDE 12 PORÇÕES

Preaqueça o forno a 180°C.

Faça o pão de ló de baunilha e coloque com uma colher nas fôrmas preparadas, enchendo-as até ⅔. Asse na prateleira do meio, por cerca de 45 minutos, ou teste com um palito de madeira e veja se sai limpo. Deixe os bolos nas fôrmas por 10 minutos antes de virá-los sobre grelhas, para esfriar completamente.

Use uma faca comprida e serrilhada para nivelar a parte inferior dos bolos.

Divida o buttercream entre 2 tigelas. Tinja o creme de uma de vermelho usando o corante comestível (p. 17). Deixe o da outra tigela sem colorir.

Coloque o bolo menor com o lado reto para baixo num prato de servir e nivele a parte de cima para fazer uma superfície reta. Cubra todo o bolo com o buttercream sem cor, espalhando de maneira uniforme com o auxílio de uma espátula. Esse bolo vai ser a parte de baixo do cogumelo.

Coloque o bolo maior no tabuleiro e cubra com o buttercream vermelho, espalhando de maneira uniforme com uma espátula.

Grude as pastilhas de chocolate.

Corte a tira de alcaçuz para fazer a porta e grude na frente da parte de baixo do cogumelo, decorando as beiradas com pasta para escrever vermelha. Repita o processo para fazer as janelas.

Antes de servir, coloque a parte de cima do cogumelo sobre a base e decore o tabuleiro com docinhos e granulados variados.

Este bolo parece complicado, mas na verdade você só precisa ter paciência. É necessário fazer os moldes de papel antes de começar. O bolo pode ser conservado durante 3-4 dias em lugar seco. Faça-o na noite anterior à festa para que a cobertura tenha tempo de endurecer.

casa de João e Maria

700 g de farinha de trigo
1½ colher (chá) de bicarbonato de sódio
uma pitada de sal
4 colheres (chá) de gengibre em pó
3 colheres (chá) de canela em pó
275 g de manteiga sem sal, cortada em cubos
150 g de açúcar
125 g de açúcar mascavo claro
225 g de glicose de milho
4 gemas (de ovos grandes) batidas
2 receitas de glacê (p. 15)
pastilhas de chocolate branco com pontos coloridos (ou similar)
barrinha de chocolate com textura ou palito coberto de chocolate
docinhos e granulados sortidos

PARA OS MOLDES
telhado: 23 cm x 15 cm
paredes maiores: 20 cm x 15 cm
paredes laterais: quadrado de 15 cm embaixo de um triângulo de 15 cm de largura e 10 cm de altura

saco de confeiteiro com bico em formato de estrela
fôrmas para assar biscoitos

RENDE 10–12 PORÇÕES

Peneire a farinha, o bicarbonato de sódio, o sal, o gengibre e a canela em uma tigela grande. Coloque a manteiga, os açúcares e a glicose de milho em uma panela, em fogo baixo. Mexa de vez em quando até o açúcar dissolver e a manteiga derreter. Retire do fogo, coloque em uma tigela e deixe esfriar por 10-15 minutos. Faça um buraco no meio dos ingredientes secos e despeje a mistura de açúcar já fria. Acrescente as gemas e mexa com uma colher de madeira até a massa ficar homogênea. Divida em duas partes iguais, molde em formato de disco, embrulhe em filme plástico e deixe na geladeira durante 2 horas.

Preaqueça o forno a 180°C.

Divida um dos discos em 3 pedaços iguais. Coloque um deles sobre uma folha de papel-manteiga. Com um rolo levemente polvilhado com farinha de trigo, estique a massa em um retângulo de aproximadamente 4 mm de espessura. Usando o molde do telhado como guia, corte um retângulo na massa.

Escreva "telhado" no papel para poder identificá-lo depois. Transfira para a fôrma de biscoitos e asse em forno preaquecido, na prateleira do meio, durante 15 minutos, ou até ficar bem dourado e começar a escurecer nas beiradas. Repita com outro pedaço da massa para fazer uma das paredes maiores. Use o pedaço restante para fazer uma parede lateral. Repita com o outro disco de massa. Você agora tem 2 partes de cada.

À medida que cada pedaço sair do forno, coloque os moldes correspondentes sobre eles e nivele as beiradas com uma faca comprida. Corte as janelas e a porta, reservando o pedaço da porta. Deixe esfriar nas fôrmas.

Ponha o glacê no saco de confeiteiro. Cubra o glacê que não estiver usando com filme plástico. Faça uma linha fina na base da parte da frente da casa. Coloque a parte da frente em pé sobre o prato de servir, usando um pote de geleia de cada lado para mantê-la no lugar. Faça uma linha de glacê na parte de baixo e nos lados de uma das paredes laterais e grude-a na parte da frente. Repita o processo com todas as paredes, firmando-as no lugar com mais potes de geleia por pelo menos 30 minutos, até ficarem firmes.

Faça linhas finas de glacê em cada parte do telhado e cubra com as pastilhas de chocolate. Deixe descansar pelo menos por 15 minutos. Faça uma linha ao longo da beirada da parte de cima da casa e prenda o telhado. Segure firme durante alguns minutos. Faça outra linha no topo do telhado e debaixo das laterais para deixar mais firme. Faça mais linhas nas beiradas do telhado, deixando gotejar de leve para dar o efeito de estalactites. Use o glacê restante para decorar a porta e as janelas. Deixe a porta entreaberta. Posicione a barra de chocolate no telhado para fazer a chaminé e decore a parte de fora da casinha com doces e granulados.

A caixa de segredos da foto foi feita com três camadas, mas, se você tiver duas fôrmas de 20 cm, pode fazer uma receita de pão de ló básico de baunilha extragrande e dividir a massa entre as fôrmas. Nesse caso, o tempo de forno vai ser um pouco maior. O bolo pode ser guardado em recipiente bem fechado, em ambiente fresco, por até 2 dias.

caixinha de surpresas

- 1 receita de pão de ló básico de baunilha médio (p. 11)
- 4 colheres (sopa) cheias de geleia de damasco ou framboesa
- ½ receita de buttercream (p. 14)
- 1 kg de pasta americana ou glacê real
- corante comestível rosa
- corante comestível amarelo
- corante comestível azul

1 fôrma de bolo quadrada de 20 cm, untada e forrada com papel-manteiga untado

RENDE 16 PORÇÕES

Preaqueça o forno a 180°C.

Faça uma receita de pão de ló médio e coloque na fôrma já preparada com uma colher. Asse na prateleira do meio, por cerca de 30-35 minutos, ou teste com um palito de madeira e veja se ele sai limpo. Mantenha o forno aceso. Deixe o bolo na fôrma durante 10 minutos antes de virá-lo sobre uma grelha, para esfriar mais rápido. Depois, vire-o para o lado correto e deixe esfriar completamente. Limpe a fôrma, unte e forre novamente. Repita o processo duas vezes com as medidas de bolo restantes.

Se necessário, use uma faca comprida e serrilhada para nivelar a parte superior dos bolos. Coloque um deles sobre o prato de servir, espalhe 2 colheres (sopa) de geleia e ponha o segundo bolo por cima. Espalhe o restante da geleia por cima e coloque a camada final do bolo. Se necessário, corte o excesso dos lados para deixá-los totalmente retos.

Cubra com o buttercream a parte de cima e as laterais do bolo, de maneira uniforme, com uma espátula. Deixe na geladeira de 30 minutos a 1 hora.

Corte ⅓ da pasta americana, cubra com filme plástico e reserve. Numa superfície levemente polvilhada com açúcar de confeiteiro, amasse o restante da pasta com um rolo, fazendo um quadrado de mais ou menos 45 cm na diagonal. Ponha com cuidado a pasta americana sobre o rolo de massa e use-o para esticar a pasta sobre o bolo. Usando as mãos, nivele a pasta americana sobre as laterais e a parte superior do bolo. Retire os excessos da base com uma faca pequena.

Divida a pasta americana que havia separado e os restos cortados em 3 partes e tinja cada uma com um corante comestível de cor diferente (p. 17). Numa superfície levemente polvilhada com açúcar de confeiteiro, amasse a pasta americana colorida com o rolo. Corte em tiras de tamanhos diferentes, de 1 a 4 cm de largura. Grude-as no bolo para fazer as fitas decorativas, usando um pouco de água ou um pouco de buttercream. Deixe secar pelo menos por 3 horas antes de servir.

O bolo e os biscoitos decorativos podem ser preparados com antecedência. Se preferir, cubra o bolo com buttercream (p. 14) em vez de merengue (p. 15).

árvore de maio

1 receita de pão de ló básico de baunilha grande (p. 11)
1 receita de glacê (p. 15)
1 receita de biscoitos de gengibre (p. 12), assados em formato de pessoas, pequenas e grandes
200 g de pasta americana ou fondant já prontos
corante comestível de cores diversas
3 colheres (sopa) de geleia de framboesa
1 receita de cobertura de merengue (p. 15)
1 doce em formato de palito
1 marshmallow de tamanho comum
1 minimarshmallow

2 fôrmas redondas de fundo removível de 20 cm, untadas e forradas com papel-manteiga untado
saco de confeiteiro com bico pequeno para escrever
moldes de biscoito pequenos
fôrmas para assar biscoitos forradas com papel-manteiga
fitas diversas

RENDE 10 PORÇÕES

Preaqueça o forno a 180°C.

Faça o pão de ló de baunilha e divida entre as fôrmas já preparadas. Asse em forno preaquecido, na prateleira do meio, por cerca de 30 minutos, ou teste com um palito de madeira e veja se ele sai limpo. Deixe os bolos nas fôrmas durante 10 minutos antes de virá-los sobre grelhas, para esfriar mais rápido.

Enquanto isso, ponha o glacê no saco de confeiteiro e decore os biscoitos em formato de pessoas. Deixe descansar pelo menos por 2 horas. Reserve o glacê que sobrar para mais tarde.

Divida a pasta americana em 4 partes e tinja cada uma com um corante comestível de cor diferente (p. 17). Numa superfície limpa e polvilhada com açúcar de confeiteiro, use um rolo de massa para esticar a pasta americana, deixando-a com no máximo 2 mm de espessura. Corte em formatos diferentes com os moldes de biscoito. Coloque-os sobre as fôrmas já preparadas e deixe secar de um dia para o outro.

Quando for montar o bolo, use uma faca comprida e serrilhada para nivelar a parte de cima deles, se necessário. Coloque um dos bolos sobre o prato de servir, espalhe 2 colheres (sopa) de geleia e ponha o segundo bolo em cima.

Trabalhando rapidamente, cubra o bolo com o merengue, espalhando de maneira uniforme com o auxílio de uma espátula. Grude os biscoitos de glacê nas laterais.

Tinja o restante do glacê com o corante comestível que sobrar e use para fazer pontinhos ao redor dos biscoitos.

Cole as fitas em uma das extremidades do doce em formato de palito usando fita adesiva. Aplique o marshmallow de tamanho comum e o minimarshmallow no doce na parte de cima, e insira a outra extremidade no meio. Coloque os biscoitos com formato de pessoas em cima do bolo, ao redor da beirada, pressionando de leve sobre a cobertura para que fiquem em pé. Sirva imediatamente.

natureza

J
O
E
2

Faça as margaridas com pelo menos um dia de antecedência para que sequem e endureçam. Elas podem ser conservadas por até uma semana dentro de um recipiente hermeticamente fechado.

canteiro de margaridas

500 g de pasta americana
1 receita de pão de ló básico de baunilha grande (p. 11)
1 receita de buttercream (p. 14)
corante comestível amarelo
corante comestível verde

1 molde de biscoito com formato de margarida
fôrmas para assar biscoitos forradas com papel-manteiga
palito de madeira
1 fôrma redonda de fundo removível de 23 cm, untada e forrada com papel-manteiga untado
saco de confeiteiro com bico em formato de estrela

RENDE 10–12 PORÇÕES

Reserve 50 g da pasta americana e cubra com filme plástico. Numa superfície limpa e polvilhada com açúcar de confeiteiro, use um rolo de massa para esticar o restante da pasta, deixando-a com uma espessura de no máximo 2 mm. Corte em formato de margarida com os moldes de biscoito. Você precisará de 30-40 flores; o que sobrar da pasta pode ser amassado e usado para fazer mais margaridas. Coloque as margaridas sobre as fôrmas já preparadas, mas separe algumas para colocar numa colher de madeira, para que fiquem ligeiramente curvadas.

Tinja a pasta americana que você havia separado com o corante comestível amarelo (p. 17) e enrole em bolinhas pequenas, para fazer o miolo das flores. Achate de leve cada bolinha e faça pontinhos na superfície com um palito de madeira. Pincele de leve o centro de cada margarida com uma gota de água fria e grude uma bolinha amarela em cada flor. Deixe as margaridas descansando 24 horas para secar.

Quando for preparar o bolo, preaqueça o forno a 180°C.

Faça o pão de ló de baunilha e coloque na fôrma já preparada com uma colher. Asse na prateleira do meio, por 35 minutos, ou teste com um palito de madeira e veja se ele sai limpo. Deixe o bolo na fôrma durante 10 minutos antes de virá-lo sobre uma grelha. Depois, vire-o para o lado correto e deixe esfriar completamente.

Com uma faca comprida e serrilhada, divida o bolo ao meio com um corte horizontal, obtendo duas camadas iguais. Coloque a camada de baixo sobre um prato de servir e espalhe 3-4 colheres (sopa) cheias de buttercream por cima. Ponha a segunda camada. Tinja o restante do buttercream de verde com corante comestível e coloque no saco de confeiteiro. Cubra a parte de cima do bolo com rosetas e faça linhas nas laterais para dar a aparência de grama, cobrindo-o por completo. Grude as margaridas na parte de cima, em toda a superfície.

Um sucesso entre as crianças menores, este bolo é também facílimo de fazer – tudo pode ser preparado no dia da festa, e a decoração é muito simples.

lagartinha colorida

1 receita de pão de ló básico de baunilha extragrande (p. 11)
1 receita de pão de ló básico de baunilha pequeno (p. 11)
1 receita de buttercream (p. 14)
corante comestível amarelo
corante comestível vermelho
corante comestível verde
corante comestível lilás
corante comestível azul
doce de alcaçuz em tiras (ou similar)
16 jujubas
2 confeitos de chocolate coloridos
pastas comestíveis para escrever de diversas cores

3 tigelas de vidro que possam ir ao forno, com capacidade para 1 litro, 650 ml e 350 ml, untadas e polvilhadas
1 fôrma de muffin (com capacidade para 6), forrada com forminhas de papel
2 limpadores de cachimbo verdes

RENDE 10–12 PORÇÕES

Preaqueça o forno a 180°C.

Faça as massas do pão de ló de baunilha (separadamente) e despeje a extragrande com uma colher nas tigelas já preparadas e a pequena nas forminhas de papel. Asse em forno preaquecido, na prateleira do meio, até inserir um palito de madeira e ele sair limpo – 45-55 minutos para as tigelas maiores, 30-35 minutos para as menores e 20-25 minutos para os cupcakes. Deixe esfriar nas tigelas e na fôrma durante 10 minutos antes de virar sobre grelhas, para esfriar mais rápido.

Se necessário, use uma faca comprida e serrilhada para nivelar os bolos. Divida o buttercream em 5 tigelas e tinja cada um de uma cor diferente com os corantes comestíveis (p. 17). Lembre que a quantidade de buttercream necessária para cada bolo dependerá de seus respectivos tamanhos.

Cubra cada bolo com uma cor diferente de buttercream, espalhando de maneira uniforme com o auxílio de uma espátula.

Tire a forminha de papel de um cupcake (e congele o restante). Cubra o cupcake com o buttercream. Coloque todos os bolos num prato de servir, formando uma lagarta torta, do bolo maior para o menor.

Corte a tira de alcaçuz em 17 pedacinhos de 5 cm e coloque em pares de cada lado do bolo para fazer as pernas. Coloque o último pedacinho de alcaçuz no bolo maior, na frente da lagarta, para fazer a boca. Posicione as jujubas na extremidade das pernas, fazendo os pés. Grude os confeitos de chocolate sobre a boca para fazer os olhos e enfie os limpadores de cachimbo em cima para fazer as antenas.

Use a pasta para escrever o nome da criança em um dos lados da lagarta e para fazer mais decorações, se desejar.

Você pode achar limpadores de cachimbo coloridos em lojas de materiais artísticos ou então pintar os brancos. Eles são ótimos para fazer as antenas de vários tipos de bichos. Se não quiser fazer vários cupcakes, você pode comprar um já pronto para a cabeça da joaninha.

joaninha

1 receita de pão de ló básico de baunilha grande (p. 11)
1 receita de pão de ló básico de baunilha pequeno (p. 11)
1 receita de buttercream (p. 14)
corante comestível vermelho
corante comestível preto
1 doce de alcaçuz comprido (ou similar)
pastilhas de chocolate bem grandes
2 confeitos de chocolate coloridos de amarelo

1 tigela de vidro que possa ir ao forno, com capacidade para 2 litros, untada e polvilhada
1 fôrma de muffin (com capacidade para 6), forrada com forminhas de papel
2 limpadores de cachimbo vermelhos

RENDE 8–10 PORÇÕES

Preaqueça o forno a 180°C.

Faça as misturas de pão de ló de baunilha (separadamente) e, com uma colher, despeje a grande na tigela já preparada e a pequena nas forminhas de papel. Asse em forno preaquecido, na prateleira do meio, até inserir um palito de madeira, e ele sair limpo – 40-45 minutos para o bolo e 20-25 para os cupcakes. Deixe os bolos nas fôrmas durante 10 minutos antes de virá-los sobre grelhas, para esfriarem mais rápido.

Se necessário, use uma faca comprida e serrilhada para nivelar a parte inferior dos bolos.

Coloque ¾ do buttercream numa tigela e tinja de vermelho com o corante comestível (p. 17).

Tinja o restante do buttercream de preto.

Coloque o bolo com o lado reto para baixo num prato de servir e cubra com o buttercream vermelho, espalhando de maneira uniforme com o auxílio de uma espátula. Aplique a tira de alcaçuz no meio do corpo e distribua as pastilhas de chocolate de cada lado.

Tire a forminha de papel de um cupcake (congele o restante). Corte a parte redonda. Cubra a outra parte com o buttercream preto, espalhando de maneira uniforme com uma espátula, e coloque-o de cabeça para baixo sobre o prato, contra o corpo da joaninha.

Grude os confeitos de chocolate amarelos na cabeça para fazer os olhos e enfie os limpadores de cachimbo na parte de cima para fazer as antenas.

Procure em lojas de doces ou de presente docinhos em forma de inseto ou abelhas bonitas de chocolate, embrulhadas em papel-alumínio. Complete o tema com cupcakes de florzinha (p. 122).

colmeia de abelhas

2 receitas de pão de ló básico de baunilha grande (p. 11)
1 receita de buttercream (p. 14)
corante comestível amarelo
pasta comestível preta para escrever
abelhas de chocolate embaladas em papel-alumínio

2 fôrmas de bolo de fundo removível e, uma de 23 cm e uma de 18 cm, untadas e forradas com papel-manteiga untado
1 fôrma de muffin (com capacidade para 6), forrada com forminhas de papel

RENDE 12 PORÇÕES

Preaqueça o forno a 180°C.

Faça as receitas de pão de ló de baunilha (separadamente) e despeje uma na fôrma maior já preparada e divida a pequena entre a fôrma menor e as forminhas de papel. Asse em forno preaquecido, na prateleira do meio, até inserir um palito de madeira e ele sair limpo – cerca de 40 minutos para a fôrma maior, 25 minutos para a menor e 20-25 minutos para os cupcakes. Deixe os bolos nas fôrmas durante 10 minutos antes de virá-los sobre grelhas, para ajudar a esfriar. Depois, vire os bolos para o lado correto e espere esfriar completamente.

Tinja o buttercream de amarelo claro com o corante comestível (p. 17). Coloque os bolos um em cima do outro sobre o prato de servir. Espalhe um pouco de buttercream entre as camadas para que grudem.

Retire a forminha de um cupcake (congele o resto ou decore como na p. 122 e sirva junto com o bolo). Coloque o cupcake em cima do bolo, com o lado reto para baixo. Faça-o grudar com um pouco mais de buttercream.

Cubra a colmeia com o buttercream, espalhando de maneira uniforme com o auxílio de uma espátula. Use a pasta de escrever preta para fazer um padrão geométrico sobre a colmeia. Coloque as abelhas de chocolate ao redor do bolo e sirva.

Este é o bolo perfeito se você deseja incluir as crianças no processo de preparação. Elas vão adorar decorar suas próprias flores. A receita rende mais cupcakes do que o necessário para o jardim, mas você pode servir também os que sobrarem ou congelá-los, sem a cobertura, para usar depois.

jardim florido

1 receita de pão de ló básico de baunilha extragrande (p. 11)
1 receita de pão de ló básico de baunilha pequeno (p. 11)
1 receita de buttercream (p. 14)
corantes comestíveis nas cores roxa, rosa, amarelo e verde
1 receita de glacê (p. 15)
docinhos, granulados e insetos de chocolate sortidos
pasta comestível verde para escrever

1 fôrma de bolo de 33 cm x 23 cm x 6 cm, untada e forrada com papel-manteiga untado
1 fôrma de cupcake (com capacidade para 12), forrada com forminhas de papel
sacos de confeiteiro com bicos diversos

RENDE 12–14 PORÇÕES

Preaqueça o forno a 180°C.

Faça as receitas de pão de ló de baunilha (separadamente) e com uma colher despeje a extragrande na fôrma de bolo já preparada e a pequena nas forminhas de papel. Asse em forno preaquecido, na prateleira do meio, até inserir um palito de madeira, e ele sair limpo – 45 minutos para o bolo e 20-25 para os cupcakes. Deixe os bolos esfriarem nas fôrmas durante 10 minutos antes de virá-los sobre grelhas. Depois, vire os bolos para o lado correto e deixe esfriar completamente.

Se necessário, use uma faca comprida e serrilhada para nivelar a parte superior do bolo. Coloque-o no prato de servir e cubra com ⅔ do buttercream, espalhando de maneira uniforme com o auxílio de uma espátula.

Tinja metade do buttercream restante com os corantes comestíveis de sua escolha (p. 17) e use para cobrir a parte de cima dos cupcakes (você não vai precisar de todos; os que sobrarem podem ser congelados). Use sacos de confeiteiro com bicos em formato de estrela para fazer flores nos cupcakes.

Divida o glacê em 4 tigelas pequenas e tinja cada uma com uma cor diferente. Coloque a cobertura nos sacos de confeitar com bicos pequenos e use para decorar as flores. Termine a decoração com docinhos e granulados. Coloque os cupcakes sobre os dois terços superiores do bolo e use a pasta de escrever verde para fazer os cabos das flores.

Tinja o restante do buttercream de verde vivo com o corante comestível e use para fazer uma decoração semelhante à grama na parte inferior do bolo.

As aparas do bolo podem ser usadas num pavê ou colocadas na lancheira das crianças. Sinta-se à vontade para decorar as asas da borboleta como quiser.

borboleta

2 receitas de pão de ló básico de baunilha grande (p. 11)
1 receita de buttercream (p. 14)
corante comestível marrom
corante comestível vermelho
pasta comestível preta para escrever
pasta comestível vermelha para escrever
2 tiras de alcaçuz curtas (ou similar)
6 pastilhas de chocolate ao leite com pontos coloridos (ou similar)
docinhos e granulados sortidos

1 fôrma de bolo de 33 cm x 23 cm x 6 cm, untada e forrada com papel-manteiga untado
saco de confeiteiro com bico em formato de estrela

RENDE 12–14 PORÇÕES

Preaqueça o forno a 180°C.

Faça uma receita de pão de ló grande e coloque na fôrma já preparada. Asse em forno preaquecido, na prateleira do meio, por 30 minutos, ou teste com um palito de madeira e veja se ele sai limpo. Mantenha o forno aceso. Deixe o bolo na fôrma durante 10 minutos antes de virá-lo sobre uma grelha, para esfriar mais rápido. Depois, vire o bolo para o lado correto e espere esfriar completamente.

Limpe a fôrma, unte e forre novamente. Repita o passo acima com a segunda medida de pão de ló.

Se necessário, use uma faca comprida e serrilhada para nivelar a parte superior dos bolos. Coloque-os um ao lado do outro sobre uma bandeja grande.

Desenhe um dos lados da borboleta em uma folha de papel A4 e corte para fazer o molde.

Coloque o molde sobre um dos bolos e, com uma faca pequena e afiada, corte o formato da borboleta. Vire o molde e repita com o outro bolo.

Numa tigela pequena, reserve 6 colheres (sopa) de buttercream. Tinja o restante do buttecream com o corante comestível marrom (p. 17) e use para cobrir a parte de cima e as laterais da borboleta, espalhando de maneira uniforme com uma espátula. Tinja de vermelho o buttercream que você havia separado e ponha-o no saco de confeiteiro. Faça rosetas perto das extremidades das asas da borboleta.

Faça o contorno do corpo no meio da borboleta com pasta para escrever preta e o das asas com a vermelha. Enfie as tiras de alcaçuz no topo do corpo da borboleta para fazer as antenas e decore as asas com as pastilhas, os docinhos e granulados sortidos.

índice

Agradecimentos da autora

Agradeço imensamente a Sandra Lane, por suas fotos lindas e por sempre encontrar ótimos destinos para a montanha de bolos ao fim de cada sessão de fotos.

Também agradeço a Liz Belton por seus pratos, talheres e artigos de festa perfeitos, e a Megan e Céline, da Ryland Peters & Small, pelo árduo trabalho.

E agradeço ao Mungo, meu cachorro, que me arrastava para fora da cozinha para passear pelas colinas, fizesse sol ou chuva.

E, finalmente, é impossível agradecer o suficiente aos meus pais por todo seu apoio e amor, e por todas as vezes que cuidaram do Mungo, indo além de suas obrigações maternas e paternas.

Agradecimentos do editor

O editor gostaria de agradecer aos lindos modelos Aimee e Emma; Ava; Ashley; Bella, Bruno, Ella e Quincy; Elliott; Emma e Julian; Eva e Rosa; e Tabitha e Darci.

Agradeço também a Party Pieces pelo empréstimo dos artigos de festa.